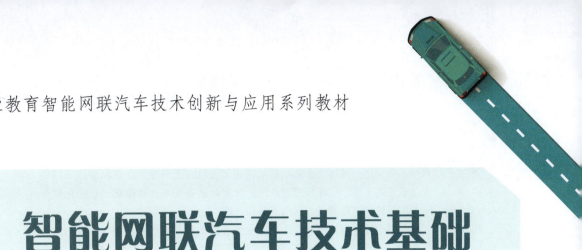

职业教育智能网联汽车技术创新与应用系列教材

智能网联汽车技术基础

中汽数据有限公司　组编
主　编　陈晓明　杜志彬　侯海晶
副主编　黄晓延　关志伟　段佳冬
参　编　王志强　张宇飞　陈　强　彭　涛　闫光辉
　　　　耿东川　邱玉峰　王　妍　刘　璐　张　森
　　　　吕吉亮　田传印　徐发达　姚艳南　李　乐
　　　　高新宇　丁田妹
主　审　朱向雷

机械工业出版社

本书采用项目和典型工作任务的形式展开讲解，内容主要包括智能网联汽车概述、智能网联汽车环境感知技术、智能网联汽车决策规划、智能网联汽车控制执行、智能网联汽车底盘线控技术、智能网联汽车高精度定位技术、车联网及通信技术、先进驾驶辅助系统和智能网联汽车测试技术九个项目。每个项目下还包含若干任务，每个任务以学习目标、理论知识和学习小结进行详细技术基础知识的讲解。教材之外配以智能网联汽车技术基础任务工单，从环境感知系统，智能化装备装调，智能化、功能化验证和网联综合道路测试方面展开技能训练。

本书适合开设智能网联汽车方向专业的本科及职业院校使用，也适合各类培训机构使用，同时也可作为智能网联汽车从业人员的学习参考书。

图书在版编目（CIP）数据

智能网联汽车技术基础/中汽数据有限公司组编. —北京：机械工业出版社，2020.10（2023.12重印）

职业教育智能网联汽车技术创新与应用系列教材

ISBN 978-7-111-66353-9

Ⅰ.①智… Ⅱ.①中… Ⅲ.①汽车-智能通信网-职业教育-教材 Ⅳ.①U463.67

中国版本图书馆 CIP 数据核字（2020）第 154158 号

机械工业出版社（北京市百万庄大街22号　邮政编码100037）
策划编辑：于志伟　责任编辑：于志伟
责任校对：赵　燕　封面设计：张　静
责任印制：常天培
北京宝隆世纪印刷有限公司印刷
2023年12月第1版第6次印刷
184mm×260mm·10.75印张·288千字
标准书号：ISBN 978-7-111-66353-9
定价：47.00元（含实训工单）

电话服务　　　　　　　　网络服务
客服电话：010-88361066　机　工　官　网：www.cmpbook.com
　　　　　010-88379833　机　工　官　博：weibo.com/cmp1952
　　　　　010-68326294　金　书　网：www.golden-book.com
封底无防伪标均为盗版　机工教育服务网：www.cmpedu.com

前　言

随着汽车产业智能化、网联化、共享化和电动化的快速发展，智能网联汽车已成为全球汽车产业发展的战略方向，是国民经济发展和协同创新的重要载体。

本书结合当前智能网联汽车发展过程中在车辆、设施、信息交互、高精地图和定位、标准法规和测试验证等方面的关键技术进行基础知识讲解，主要培养学生对智能网联汽车的技术路线、整车架构、工作原理及方法的基础知识的掌握，是进一步进行深入学习的基础，同时注重培养学生对智能网联汽车未来发展具备战略视野和思维的能力。

本书采用项目和典型工作任务的形式展开讲解，共包含九个项目。项目一是智能网联汽车概述，介绍了智能网联汽车的概念、结构及技术体系和发展趋势；项目二至项目四分别从环境感知、决策规划和控制执行方面进行基础知识及原理的讲解；项目五对线控底盘的转向、驱动和制动等技术进行了体系化介绍；项目六对高精地图和高精定位技术进行了系统组成、方法及应用的介绍；项目七从近、中、远距离通信以及车用 CAN 通信进行技术原理及应用介绍；项目八结合典型案例进行 ADAS 的功能介绍；项目九结合了当前的测试法规和标准介绍了道路测试、场景测试和虚拟仿真测试的前沿技术及方法。

本书采用"产教融合"模式联合开发，由中汽数据有限公司和天津职业技术师范大学共同编写完成，采用了理实一体化和信息化的教学方式，对部分难以理解的内容配置二维码视频原理讲解，并配备了教学课件、实训工单和练习题册等丰富的教学资源（加 QQ：1006310850 索取），适合开设智能网联汽车方向专业的本科及职业院校使用，也适合各类培训机构使用。

本书由中汽数据有限公司组织编写，陈晓明、杜志彬、侯海晶担任主编，黄晓延、关志伟、段佳冬担任副主编，参与编写的有王志强、张宇飞、陈强、彭涛、闫光辉、耿东川、邱玉峰、王妍、刘璐、张森、吕吉亮、田传印、徐发达、姚艳南、李乐、高新宇、丁田妹，全书由朱向雷担任主审。

由于编者水平有限，难免有错漏之处，敬请读者批评指正。

编　者

二维码索引

序号	名称	二维码	页码	序号	名称	二维码	页码
1	智能网联汽车体系结构与关键技术		4	7	车用CAN通信技术		104
2	激光雷达原理及应用		19	8	车联网及通信技术应用		107
3	超声波雷达原理及应用		19	9	改善视野类先进驾驶辅助系统		115
4	智能网联汽车线控转向系统		58	10	自主控制类先进驾驶辅助系统		120
5	智能网联汽车线控制动系统		61	11	智能网联汽车测试场景		135
6	智能网联汽车高精度地图		84	12	智能网联汽车虚拟仿真测试		138

目　录

前言

二维码索引

项目一　智能网联汽车概述 ··· 1
  任务一　智能网联汽车的内涵认知 ·· 1
  任务二　智能网联汽车结构及技术体系认知 ··· 4
  任务三　智能网联汽车发展趋势认知 ·· 12
  课后习题 ··· 17

项目二　智能网联汽车环境感知技术 ·· 18
  任务一　环境感知系统整体认知 ·· 18
  任务二　激光雷达原理及应用认知 ·· 21
  任务三　毫米波雷达原理及应用认知 ·· 26
  任务四　超声波雷达原理及应用认知 ·· 30
  任务五　视觉传感器原理及应用认知 ·· 32
  任务六　多传感器融合技术认知 ·· 38
  课后习题 ··· 40

项目三　智能网联汽车决策规划 ·· 42
  任务一　决策规划整体认知 ·· 42
  任务二　决策规划方法认知 ·· 45
  课后习题 ··· 48

项目四　智能网联汽车控制执行 ·· 49
  任务一　控制执行整体认知 ·· 49
  任务二　纵向运动控制认知 ·· 51
  任务三　横向运动控制认知 ·· 54
  课后习题 ··· 56

项目五　智能网联汽车底盘线控技术 ·· 58
  任务一　线控转向系统认知 ·· 58
  任务二　线控驱动系统认知 ·· 61

任务三　线控制动系统认知 ……………………………………………………………… 63
　　任务四　线控换档系统认知 ……………………………………………………………… 67
　　任务五　线控悬架系统认知 ……………………………………………………………… 70
　　课后习题 …………………………………………………………………………………… 73

项目六　智能网联汽车高精度定位技术 …………………………………………………… 75
　　任务一　高精度定位技术整体认知 ……………………………………………………… 75
　　任务二　高精度定位关键技术认知 ……………………………………………………… 78
　　任务三　高精度地图制作及应用认知 …………………………………………………… 84
　　课后习题 …………………………………………………………………………………… 89

项目七　车联网及通信技术 ………………………………………………………………… 90
　　任务一　近距离通信技术认知 …………………………………………………………… 90
　　任务二　中短距离通信技术认知 ………………………………………………………… 97
　　任务三　远距离通信技术认知 …………………………………………………………… 101
　　任务四　车用 CAN 通信技术认知 ……………………………………………………… 104
　　任务五　车联网及通信技术应用认知 …………………………………………………… 107
　　课后习题 …………………………………………………………………………………… 112

项目八　先进驾驶辅助系统 ………………………………………………………………… 113
　　任务一　先进驾驶辅助系统整体认知 …………………………………………………… 113
　　任务二　改善视野类 ADAS 认知 ………………………………………………………… 115
　　任务三　预警类 ADAS 认知 ……………………………………………………………… 118
　　任务四　自主控制类 ADAS 认知 ………………………………………………………… 120
　　任务五　其他类型 ADAS 认知 …………………………………………………………… 124
　　课后习题 …………………………………………………………………………………… 127

项目九　智能网联汽车测试技术 …………………………………………………………… 128
　　任务一　智能网联汽车测试整体认知 …………………………………………………… 128
　　任务二　智能网联汽车道路测试认知 …………………………………………………… 132
　　任务三　智能网联汽车测试场景认知 …………………………………………………… 135
　　任务四　智能网联汽车虚拟仿真测试认知 ……………………………………………… 138
　　课后习题 …………………………………………………………………………………… 143

参考文献 ……………………………………………………………………………………… 145

智能网联汽车技术基础任务工单

项目一 智能网联汽车概述

任务一 智能网联汽车的内涵认知

学习目标

1. 掌握智能网联汽车的相关概念
2. 了解智能网联汽车的相关术语

理论知识

一、智能网联汽车的概念

智能网联汽车是一个跨技术、跨产业领域的新兴体系,从不同角度、不同背景出发,各国对智能网联汽车的定义也不尽相同,但终极目标都是为了实现可以在各种道路环境中安全行驶的无人驾驶汽车。

我国工业和信息化部在《国家车辆网产业体系建设指南(智能网联汽车)》中明确规定,智能网联汽车(Intelligent and Connected Vehicle,ICV)是指搭载先进的车载传感器、控制器和执行器等装置,并融合现代通信与网络技术,实现车与X(车、路、人、云等)智能信息交换、共享,具备复杂环境感知、智能决策、协同控制等功能,可实现安全、高效、舒适、节能行驶,并最终实现替代人来操作的新一代汽车。智能网联汽车产业是汽车、电子、信息、交通、定位导航、网络通信、互联网应用等行业领域深度融合的新型产业,是全球创新热点和未来发展的制高点。

"智能"指搭载先进的车载传感器、控制器、执行器等装置和车载系统模块,具备复杂的环境感知、智能决策和控制等功能,如图 1-1-1 所示。"网联"主要指信息互联共享功能,即通过多种形式的通信与网络技术,实现车内、车与车、车与路侧设备、车与环境之间的信息交互。"汽车"指智能网联汽车的终端载体,可以是传统的燃油汽车也可以是多种形式的新能源汽车,未来的智能网联汽车主要以新能源汽车为主。

二、智能网联汽车的相关术语

智能网联汽车是一个跨技术、跨产业领域、跨学科并跨时代的新兴技术体系,各国都在大力发展智能网联汽车,但对其叫法也不尽相同。智能网联汽车与智能汽车、网联汽车、自动驾驶汽车、车联网、智能交通系统和无人驾驶汽车密切相关。

1. 智能汽车

我国工业和信息化部在《智能汽车创新发展战略》中明确指出,智能汽车指通过搭载先进传感器等装置，运用人工智能等新技术，具有自动驾驶功能，逐步成为智能移动空间和应用终端的新一代汽车。智能汽车通常又称为智能网联汽车、自动驾驶汽车等。智能汽车的初级阶段是具有先进驾驶辅助系统（Advanced Driver Assistance Systems，ADAS）的汽车，例如：前向碰撞预警系统、车道偏离预警系统、盲区监测系统、驾驶人疲劳预警系统、车道保持辅助系统、自动制动系统、自适应巡航系统等。ADAS 在汽车上的配置越多，其智能化程度越高，其终极目标是无人驾驶汽车。

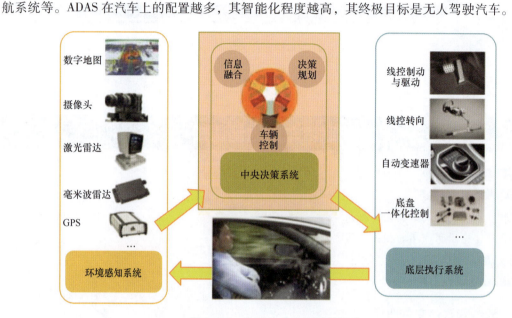

图 1-1-1　智能汽车主要系统组成

智能汽车的发展方向是自动化、网联化、智能化和共享化。智能汽车的自动化程度越高越接近自动化汽车，网联化程度越高越接近网联汽车，最终发展成为无人驾驶的智能网联汽车。

2. 网联汽车

网联汽车是指基于通信互联建立车与车之间的连接，车与网络中心和智能交通系统等服务中心之间的连接的一种汽车，网联汽车实现了车内网络与车外网络之间、人-车-路-环境之间的信息交互。

网联汽车的初级阶段是以车载信息技术为代表，车载信息技术是指通过内置在汽车上的计算机网络技术，借助无线通信技术、GPS 卫星导航技术、地理信息系统（GIS），以实现文字、图像和语音信息交换的综合信息服务。基于此可以实现交通信息预报、娱乐信息播放、救援信息传输、应急预警、远程监测和车辆远程检测与维护等，如图 1-1-2 所示。

3. 无人驾驶汽车

无人驾驶汽车是通过车载传感系统感知道路环境，自动规划并识别行车路线，从而控制车辆到达预定目标的智能汽车。无人驾驶汽车是利用车载传感器来感知车辆周围环境，并根据感知所获得的道路、车辆位置和障碍物信息，控制车辆的转向和速度，从而使车辆能够安全、可靠地在道路上行驶。无人驾驶汽车是传感器、计算机、人工智能、无线通信、导航定位、模式识别、机器视觉、智能控制等多种先进技术融合的综合机器。无人驾驶汽车是智能汽车、网联汽车发展的最终目标。图 1-1-3 所示为谷歌公司开发的无人驾驶小汽车。

前述智能汽车先进驾驶辅助系统（ADAS）和无人驾驶汽车都是利用安装在车上的各式各样传感器收集数据，并结合地图数据进行系统计算，从而实现对行车路线的规划并控制车辆到达预定目标，两者的相互发展关系如图 1-1-4 所示。

项目一　智能网联汽车概述

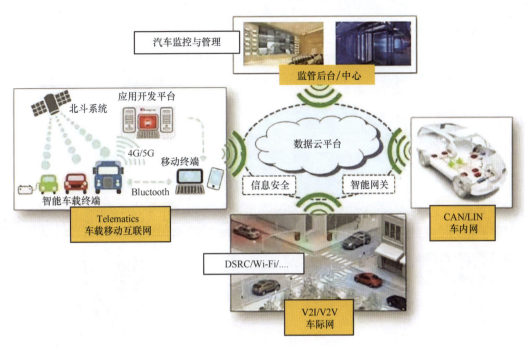

图 1-1-2　网联汽车的应用

图 1-1-3　谷歌公司开发的无人驾驶小汽车

ADAS	无人驾驶
• 主要功能并非完全控制汽车，而是预先为驾驶人判断可能发生的危险，保证行车的安全性 • 完成监视、预警、制动以及导向等任务，受世界各国相关法规推进的影响，其需求将保持增长	• 强调机器驾驶，以实现舒适/节省人力成本的目的，近几年非常火爆 • 使用人工智能的驾驶体系来完成对车的完全控制

可逐步实现无人驾驶

图 1-1-4　ADAS 与无人驾驶

 **学习小结**

1. 智能汽车是指在网络环境下用计算机技术、信息技术和智能控制技术装备起来的汽车，或者可以说是有着汽车外壳兼顾汽车性能的移动机器人。

2. 无人驾驶汽车是通过车载传感系统感知道路环境，自动规划并识别行车路线，从而控制车辆到达预定目标的智能汽车。

3. 网联汽车是指基于通信互联建立车与车之间的连接，车与网络中心和智能交通系统等服务中心之间的连接的一种汽车，网联汽车实现了车内网络与车外网络之间、人-车-路-环境之间的信息交互。

 **任务二　智能网联汽车结构及技术体系认知**

 **学习目标**

1. 理解并能解释智能网联汽车的结构层次
2. 掌握智能网联汽车的技术架构
3. 熟悉智能网联汽车的逻辑结构和物理结构

智能网联汽车
体系结构与
关键技术

 **理论知识**

一、智能网联汽车的结构层次

智能网联汽车由环境感知层、智能决策层以及控制执行层组成。感知主要分为自主式感知和网联式感知。通过车载传感器获得的对复杂环境的感知，称为自主式感知；借助现代通信和网络技术来感知环境，称为网联式感知。存在于互联网络中的智能网联汽车，通过密切交互，形成了一种特定的新型网络系统——车联网。车联网除了包括车车通信、车路通信和车辆内部通信外，还包括了在移动互联下能提升安全和节能等方面指标的信息服务。

智能网联汽车在结构层次上可以分为环境感知层、智能决策层和控制执行层，如图1-2-1所示。

1. 环境感知层

环境感知层的主要功能是通过车载环境感知技术、卫星定位技术、4G/5G及V2X无线通信技术等，实现对车辆自身属性和车辆外在属性（如道路、车辆和行人等）静态、动态信息的提取和收集，并向智能决策层输送信息。

感应识别元件是智能网联汽车的眼睛和耳朵，主要以摄像头和雷达为主，并辅以红外探头，达到多传感器协调合作，实现车辆周围环境全覆盖。目前常见的传感器主要包括摄像头、超声波雷达、激光雷达、毫米波雷达和红外探头。

2. 智能决策层

智能决策层的主要功能是接收环境感知层的信息并进行融合，对道路、车辆、行人、交通标志和交通信号等进行识别，决策分析和判断车辆驾驶模式及将要执行的操作，并向控制和执行层输送指令。

智能决策层类似于人的大脑，车辆通过感知识别端从外部获取环境信息后，将信息进行集成处理，传送到决策端，车辆决策端需要依靠这些信息做出正确精准的控制决策，并将决策下达至

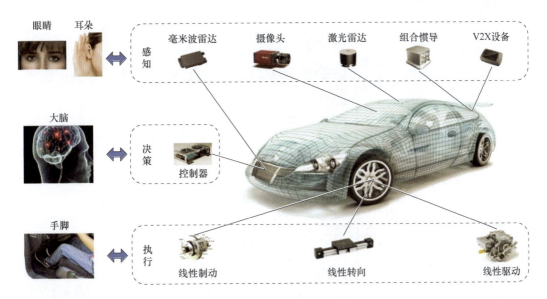

图 1-2-1 智能网联汽车的结构层次

执行端,以完成自动驾驶。自动驾驶的环境感知端会感知并识别车道线、车辆、行人和交通标志等目标,并会采集大量的图像信息,而这些信息会形成一个数据模型,然后与数据库中的模型进行对比、分析、评估并纠错;智能网联汽车在反复的路测中,会不断提高对道路信息识别程度,并为之做出合理的决策控制。

3. 控制执行层

控制执行层的主要功能是按照智能决策层的指令,对车辆进行操作和协同控制,并为联网汽车提供道路交通信息、安全信息、娱乐信息、救援信息以及商务办公、网上消费等,保障汽车安全行驶和舒适驾驶。

执行系统类似于人的手脚,用来执行决策系统的命令,有点类似于计算机的输出端,最终实现车辆的行驶。

二、智能网联汽车架构

1. 智能网联汽车的技术架构

智能网联汽车涉及汽车、信息通信和交通等多领域技术,其技术结构较为复杂,可划分为"三横三纵"式技术架构,如图 1-2-2 所示。

"三横"是指智能网联汽车主要涉及的车辆/设施、信息交互与基础支撑三大技术领域,它可再细分为第二层与第三层技术。"三纵"是强调未来智能网联汽车的主要应用场景:公路自动驾驶汽车、城区自动驾驶汽车、共享自动驾驶汽车。

2. 智能网联汽车的逻辑结构

智能网联汽车的逻辑结构有"信息感知"和"决策控制"两条主线,如图 1-2-3 所示。其发展的核心由系统进行信息感知、决策预警和智能控制,逐渐替代驾驶人的驾驶任务,并最终完全自主执行全部驾驶任务。智能网联汽车通过智能化与网联化两条技术路径协同实现"信息感知"和"决策控制"功能。

(1) 信息感知 信息感知主要指对驾驶环境及驾驶室内的相关信息进行感知,根据对驾驶行为的影响分为与驾驶相关的信息和与非驾驶相关的信息。

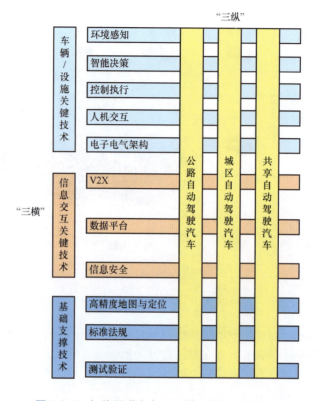

图 1-2-2 智能网联汽车"三横三纵"技术架构

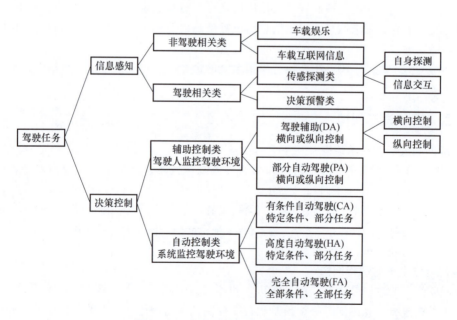

图 1-2-3 智能网联汽车的逻辑结构

驾驶相关的信息包括传感探测类和决策预警类,传感探测类信息又可根据信息获取方式细分为依靠车辆自身传感器直接探测所获得的信息和车辆通过车载通信装置从外部其他信息节点(例

项目一　智能网联汽车概述

如：路侧节点或远程信息中心）所接收到的信息，即交互信息。

非驾驶相关信息主要包括车载娱乐服务和车载互联网信息服务。

智能化和网联化相融合可以使车辆在自身传感器直接探测的基础上，通过与外部信息节点的无线信息交互，实现更加全面的环境感知，从而更好地支持车辆进行智能决策和控制。

（2）决策控制　决策控制主要根据车辆和驾驶人在车辆控制方面的作用和职责分为驾驶辅助控制和车辆自动控制，分别对应不同等级的决策控制。

驾驶辅助控制主要是车辆利用各种电子技术辅助驾驶人进行辅助驾驶，如对车辆横向辅助控制和纵向辅助控制及其组合控制，可分为驾驶辅助和部分自动驾驶。

车辆自动控制主要根据车辆自主控制以及替代人进行驾驶的场景，也称为无人驾驶，进一步细分为有条件自动驾驶、高度自动驾驶和完全自动驾驶。

3. 智能网联汽车的物理结构

智能网联汽车的物理结构是把逻辑结构所涉及的各种"信息感知"与"决策控制"功能落实到物理载体上，如图1-2-4所示。车辆控制系统、车载终端、交通设施和外接设备等按照不同的用途，通过不同的网络通道、软件或平台对采集或接收到的信息进行传输、处理和执行，从而实现不同的功能或应用。

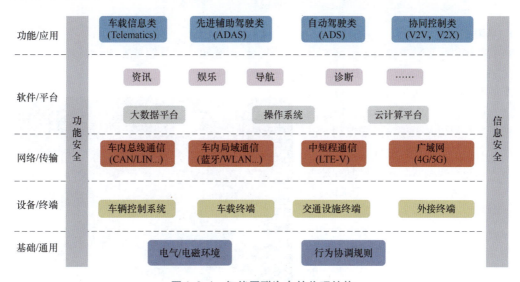

图 1-2-4　智能网联汽车的物理结构

设备/终端层按照不同的功能或用途，分为车辆控制系统、车载终端、交通设施终端、外接终端等，各类设备和终端是车辆与外界进行信息交互的载体，同时也作为人机交互界面，成为连接"人"和"系统"的载体。

基础/通用层涵盖电气/电磁环境以及行为协调规则。安装在智能网联汽车上的设备、终端或系统需要利用汽车电源，在满足汽车特有的电气、电磁环境要求下实现其功能；设备、终端或系统间的信息交互和行为协调也应在统一的规则下进行。

三、智能网联汽车的关键技术

智能网联汽车运用了多款技术，主要包括 RFID、传感器、无线传输、信息安全、标准化、数据融合、异构网络融合、大数据处理、云计算和移动计算等，其中最为关键的核心技术总结为"六项十点"，如图 1-2-5 所示。

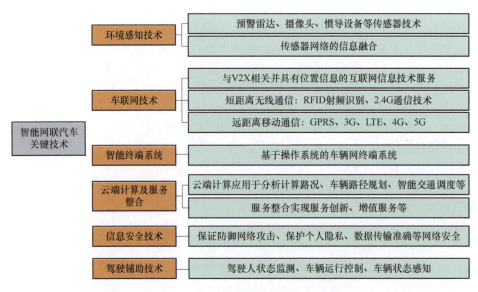

图 1-2-5　智能网联汽车关键技术

1. 环境感知技术

环境感知包括车辆本身状态感知、道路感知、行人感知、交通信号感知、交通标识感知、交通状况感知、周围车辆感知等，如图 1-2-6 所示。

车辆本身状态感知包括行驶速度、行驶方向、行驶状态和车辆位置等，道路感知包括道路类型检测、道路标线识别、道路状况判断、是否偏离行驶轨迹等。

行人感知主要判断车辆行驶前方是否有行人，包括白天行人识别、夜晚行人识别、被障碍物遮挡的行人识别等。

交通信号感知主要是自动识别交叉路口的信号灯、如何高效通过交叉路口等。

交通标识感知主要是识别道路两侧的各种交通标志，如限速、弯道等，及时提醒驾驶人注意。

图 1-2-6　智能网联汽车环境感知

交通状况感知主要是检测道路交通拥堵情况、是否发生交通事故等，以便车辆选择通畅的路线行驶。

周围车辆感知主要检测车辆前方、后方和侧方的车辆情况，避免发生碰撞，也包括交叉路口被障碍物遮挡的车辆。

在复杂的路况交通环境下，单一传感器无法完成环境感知的全部，必须整合各种类型的传感器，利用传感器融合技术，使其为智能网联汽车提供更加真实可靠的路况环境信息。

2. 车联网技术

长距离无线通信技术用于提供即时的互联网接入，主要用 4G、LTE、GPRS 等技术。短距离通信技术有专用短程通信技术（DSRC）、蓝牙、2.4G 通信技术等，其中 DSRC 重要性较高且亟须发展，它可以实现在特定区域内对高速运动下移动目标的识别和双向通信，例如 V2V、V2I 双向通信，实时传输图像、语音和数据信息等，如图 1-2-7 所示。5G 具有大规模 MIMO、新型多址接入、新型信道编码、新型调制等方面的特性,相对于4G通信而言,具有更大的传输速率、更低的传输延迟以及更多的接入用户等优点。智能终端的普及以及应用的多样化(高清视频、VR和AR),促进了无线通信的迅速发展,5G已进入商用阶段。

图 1-2-7　通信技术模拟图

3. 智能终端系统

操作系统是智能网联汽车智能设备的基础和灵魂。车载智能终端在操作系统方面的选型正在发生重大变化,变得越来越重要。车载终端与手机都是属于智能移动终端,除娱乐、咨询功能之外,其本身信息类功能也越来越受到重视,集成更多的传感器以此来实现更多先进的功能也就成了普遍的现象。智能终端系统可以具有如下功能:

(1) 智能车机　智能车机的联网方式有两种:一是在车机方案中增加5G模块,用户在车机侧边插入SIM卡上网,二是把SIM卡插在车机配套的行车记录仪上,通过WiFi路由实现车机联网。

(2) 智能后视镜　智能后视镜能够提供语音控制、GPS导航、行车记录和实时在线的视听等安全和娱乐功能辅助驾驶。

(3) 数据传输　汽车装置物联网卡后,车载自动诊断系统可实时采集车辆制动、轮胎和发动机等部件的运行情况,为车主提供汽车各项数据,保障安全出行。为了确保数据安全性,要求数据传输不通过公众网络,直接传输到企业内网。

(4) 智能提醒　后车窗智能LED显示屏产品包括了众多的智能功能。后车远光灯提醒,有效地保护驾驶人的安全驾驶;紧急制动提醒,避免不必要的交通事故,保障驾驶人和他人的安全;紧急联系人功能,在汽车遇到紧急情况时显示预先设置的紧急联系人的电话;汽车行车轨迹,能够通过后台精准定位到自己车辆的行车轨迹,为汽车的安全添加一道防线。

车联网的本质,是实现人、车、网、路、物的互联融合与交互,未来的智能汽车会成为一个功能高度集成化的生活空间,实现汽车和驾驶人的深度交互。物联网卡在车联网中的具体应用主要有智能车机、智能后视镜、数据传输OBD等,如图1-2-8所示。

4. 云端计算及服务整合

云端计算,是一种基于互联网的计算方式,通过这种方式,共享的软硬件资源和信息可以按需求提供给计算机和其他设备,如图1-2-9所示。

通过网络将庞大的计算处理程序自动分拆成无数个较小的子程序,再由多部服务器所组成的庞大系统搜索、计算分析之后将处理结果回传给用户。通过这项技术,远程的服务供应商可以在数秒之内,完成处理数以千万计甚至数以亿计的信息,达到和"超级电脑"同样强大性能的网络服务。对多源信息进行采集、传输、分析和综合,将不同数据源在时间和空间上的冗余或互补信息依据某种准则进行组合,产生出完整、准确、及时、有效的综合信息。

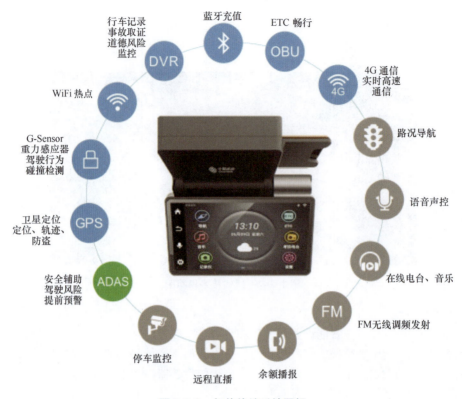

图 1-2-8　智能终端系统图解

图 1-2-9　云端计算与服务整合模拟图

5. 信息安全技术

当两个车辆距离较远或被障碍物遮挡,导致直接通信无法完成时,两者之间的通信可以通过路侧单元进行信息传递,构成一个无中心、完全自组织的车载自组织网络,车载自组织网络依靠短距离通信技术实现V2V和V2I之间的通信，它使在一定通信范围内的车辆可以相互交换各自的车速、位置等信息和车载传感器感知的数据，并自动连接建立起一个移动的网络，典型的应用包括行驶安全预警、交叉路口协助驾驶、交通信息发布以及基于通信的纵向车辆控制等，如图1-2-10所示。

智能网联汽车接入网络的同时，也带来了信息安全的问题，在应用中，每辆车及其车主的信息都将随时随地地传输到网络中被感知，这种显露在网络中的信息很容易被窃取、干扰甚至修改等，从而直接影响智能网联汽车体系的安全，因此在智能网联汽车中，必须重视信息安全与隐私保护技术的研究。

图 1-2-10　V2V 通信

6. 驾驶辅助技术

先进驾驶辅助技术通过车辆环境感知技术和自组织网络技术对道路、车辆、行人、交通标志、交通信号等进行检测和识别，对识别信号进行分析处理，传输给执行机构，保障车辆安全行驶。先进驾驶辅助技术是智能网联汽车重点发展的技术，其成熟程度和使用多少代表了智能网联汽车的技术水平，是其他关键技术的具体应用体现，先进驾驶辅助技术已经实现的主要功能包括：

（1）实时交通系统（RTMC）　实时交通系统是通过 RDS 方式发送实时交通信息和天气状况的一种开放式数据应用。借助于具有 TMC 功能的导航系统，数据信息可以被接收并解码，然后以用户语言或可视化的方式将和当前旅行路线相关的信息展现给驾驶人。

（2）电子警察系统（ISA）　电子警察系统可以迅速地监控、抓拍、处理交通违章事件，迅速地获取违章证据，提供行之有效的监测手段，为改善城市交通拥堵起到了重要的作用。

（3）车联网　通过 GPS、RFID、传感器、摄像头图像处理等装置，车辆可以完成自身环境和状态信息的采集；通过计算机技术，大量车辆的信息可以被分析和处理，从而计算出不同车辆的最佳路线、及时汇报路况和安排信号灯周期。

（4）自适应巡航（ACC）　当与前车之间的距离过小时，自适应巡航控制单元可以通过与防抱制动死系统、发动机控制系统协调动作，使车轮适当制动，并使发动机的输出功率下降，以使车辆与前方车辆始终保持安全距离。

（5）车道偏离预警系统（LDWS）　车道偏离预警系统是一种通过报警的方式辅助驾驶人减少汽车因车道偏离而发生交通事故的系统。

（6）车道保持系统　车道保持系统可以在车道偏离预警系统的基础上对制动的控制协调装置进行控制。对车辆行驶时借助一个摄像头识别行驶车道的标识线将车辆保持在车道上提供支持。

（7）碰撞避免或预碰撞系统　预碰撞安全系统能自动探测前方障碍物，测算出发生碰撞的可能性。若系统判断碰撞的可能性很大，则会发出警报声。

（8）夜视系统　在这个辅助系统的帮助下，驾驶人在夜间或弱光线的驾驶过程中将获得更高的预见能力，它能够针对潜在危险向驾驶人提供更加全面准确的信息或发出早期警告。

（9）自适应灯光控制　根据车速、转动转向盘方向的角度而自动调整近光灯转向角度侧，扩大车辆转弯时有效照明范围。自动水平调节功能可确保无论承载情况如何，灯光始终照向前方地面。

（10）自动泊车系统　自动泊车系统就是不用人工干预，自动停车入位的系统，可以使汽车自动地以正确的停靠位泊车。

(11) 盲点检测系统　当有车辆靠近或者盲区里有车时，监测系统就会通过声音和灯光等方式提醒驾驶人。

7. 其他先进技术

(1) 车载网络技术　目前汽车上广泛应用的网络有 CAN、LIN 和 MOST 总线等，它们的特点是传输速率小、带宽窄。随着越来越多的高清视频应用进入汽车，如 ADAS、360°全景泊车系统和蓝光 DVD 播放系统等，它们的传输速率和带宽已无法满足需要。

(2) 信息融合技术　信息融合技术是指在一定准则下利用计算机技术对多源信息进行分析和综合，以实现不同应用的分类任务而进行的处理过程，该技术主要用于对多源信息进行采集、传输、分析和综合，将不同数据源在时间和空间上的冗余或互补信息依据某种准则进行组合，产生出完整、准确、及时、有效的综合信息。智能网联汽车采集和传输的信息种类多、数量大，必须采用信息融合技术才能保障实时性和准确性。

(3) 人机界面技术　人机界面技术，尤其是语音控制、手势识别和触摸屏技术，在全球未来汽车市场上将被大量采用。智能网联汽车人机界面的设计，其最终目的在于提供好的用户体验，增强用户的驾驶乐趣或驾驶过程中的操作体验。智能网联汽车人机界面应集成车辆控制、功能设定、信息娱乐、导航系统和车载电话等多项功能，方便驾驶人快捷地从中查询、设置、切换车辆系统的各种信息，从而使车辆达到理想的运行和操纵状态。未来车载信息显示系统和智能手机将无缝连接，人机界面提供的输入方式将会有多种选择，通过使用不同的技术允许消费者能够根据不同的操作、不同的功能进行自由切换。

除以上关键技术外，智能网联汽车还涉及高精度地图与定位技术、异构网络融合关键技术、交通大数据处理与分析关键技术、交通云计算与云存储关键技术等先进技术。

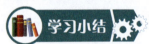

1. 智能网联汽车在结构层次上可以分为环境感知层、智能决策层和控制执行层。
2. 智能网联汽车涉及汽车、信息通信和交通等多领域技术，其技术结构较为复杂，可划分为"三横三纵"式技术架构。
3. 智能网联汽车的逻辑结构有"信息感知"和"决策控制"两条主线，智能网联汽车的物理结构是把逻辑结构所涉及的各种"信息感知"与"决策控制"功能落实到物理载体上。

任务三　智能网联汽车发展趋势认知

1. 理解并能解释智能网联汽车的分级标准
2. 了解国内外企业在智能网联汽车领域布局的技术架构
3. 了解智能网联汽车的发展前景

一、智能网联汽车的分级

1. 美国汽车工程师学会对自动驾驶的分级

自动驾驶汽车业内普遍接受的是 SAE（美国汽车工程师学会）在 J3016—2014 文件提出的自动

驾驶分级定义,按照自动化程度分为六个等级,其中 L0 为没有任何智助系统的级别。如图 1-3-1 所示,在 L3 级后,机器开始接管并主导车辆的感知和控制;当前智能网联汽车技术整体主要处于 L2~L3 段。

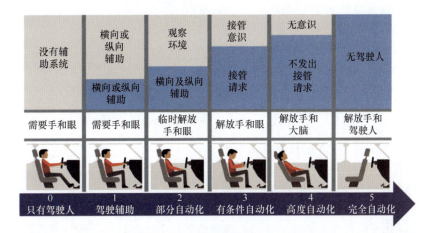

图 1-3-1　自动驾驶发展阶段与路径图

Level 0:无自动驾驶

该层次汽车的驾控主体为驾驶人,不介入车辆操控,在任何道路、环境条件下,均由驾驶人进行感知、操纵、监控,包括转向盘、加速踏板和制动踏板。

Level 1:驾驶辅助

该层次汽车的驾控主体为驾驶人和机器,在限定道路和环境条件下,汽车具有一个或多个特殊自动控制功能,例如自适应巡航控制系统、车道保持辅助系统等,但感知接管、监控干预仍需驾驶人完成。

Level 2:部分自动驾驶

该层次汽车的驾控主体为机器,在限定道路和环境条件下,汽车具有至少两个控制功能融合在一起实现的系统,不需要驾驶人对其进行控制,但驾驶人仍需要一直对周围环境感知,并监视系统情况,准备在紧急情况下进行人工干预。

Level 3:有条件的自动驾驶

该层次汽车的驾控主体为机器,在限定道路和环境条件下,汽车能够让驾驶人完全不用控制汽车,而且可以自动检测环境的变化,以判断是否返回驾驶人驾驶模式,驾驶人无须一直对系统进行监视,但仍需在紧急情况下进行人工干预。

Level 4:高度自动驾驶

该层次汽车的驾控主体为机器,在限定道路和环境条件下,汽车能够自动执行完整的动态驾驶任务和动态驾驶任务支援,特定环境下系统会向驾驶人提出响应请求,驾驶人无须对系统请求做出回应。

Level 5:完全自动驾驶

该层次汽车的驾控主体为机器,在任何道路和环境条件下,系统完全自动控制车辆,乘坐人员只需输入目的地,系统自动规划路线,检测道路环境,最终到达目的地。

智能驾驶则包括自动驾驶以及其他辅助驾驶技术,它们能够在某一环节为驾驶人提供辅助甚至能够代替驾驶人,优化驾驶体验,无人驾驶、自动驾驶和智能驾驶之间的关系如图 1-3-2 所示。

2. 我国汽车工程学会对自动驾驶的分级

2020 年 3 月 9 日,工业和信息化部发布《汽车驾驶自动化分级》推荐性国家标准报批公示,我国对智能网联汽车分为 0～5 级，标准将于 2021 年 1 月 1 日正式实施。具体要求如下：

0 级驾驶自动化（应急辅助）要求，驾驶自动化系统不能持续执行动态驾驶任务中的车辆横向或纵向运动控制，但具备持续执行动态驾驶任务中的部分目标和事件探测与响应的能力。

1 级驾驶自动化（部分驾驶辅助）要求，驾驶自动化系统在其设计运行条件内持续地执行动态驾驶任务中的车辆横向或纵向运动控制，且具备与所执行的车辆横向或纵向运动控制相适应的部分目标和事件探测与响应的能力。

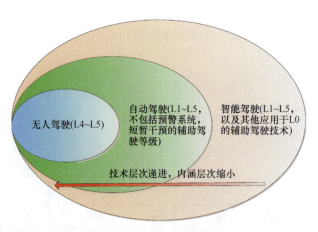

图 1-3-2　无人驾驶、自动驾驶和智能驾驶之间的关系

2 级驾驶自动化（组合驾驶辅助）要求：驾驶自动化系统在其设计运行条件内持续地执行动态驾驶任务中的车辆横向和纵向运动控制，且具备与所执行的车辆横向和纵向运动控制相适应的部分目标和事件探测与响应的能力。

3 级驾驶自动化（有条件自动驾驶）要求：驾驶自动化系统在其设计运行条件内持续地执行全部动态驾驶任务。

4 级驾驶自动化（高度自动驾驶）要求：驾驶自动化系统在其设计运行条件内持续地执行全部动态驾驶任务和执行动态驾驶任务接管。

5 级驾驶自动化（完全自动驾驶）要求：驾驶自动化系统在任何可行驶条件下持续地执行全部动态驾驶任务和执行动态驾驶任务接管。

我国划分的这 6 个等级和美国 SAE 中的 L0～L5 级是基本对应的，但也有差异，主要体现在 L2 级。我国的 2 级部分自动驾驶的控制是驾驶人与系统；SAE 中的 L2 级部分自动化的驾驶操作是系统，因此 SAE 中的 L2 级要比我国的 2 级要求高。

二、国内外企业在智能网联汽车领域的布局

近年来，汽车企业及科技企业纷纷加快推进智能网联汽车产品的研发，稳步推进自动驾驶技术的商业化发展。自自动驾驶汽车的概念出现以来并且在以上 5 级自动驾驶技术要求下，近 5 年来国内外许多研究团队不断推动自动驾驶汽车向前发展。

2017 年 12 月，北京市交通委联合北京市公安交管局、北京市经济信息委等部门，制定发布了《北京市关于加快推进自动驾驶车辆道路测试有关工作的指导意见（试行）》和《北京市自动驾驶车辆道路测试管理实施细则（试行）》两个文件，文件明确了自动驾驶汽车申请临时上路行驶的相关条件。2017 年 12 月 2 号上午，由海梁科技携手深圳巴士集团、深圳福田区政府、安凯客车、东风襄旅、速腾聚创、中兴通讯、南方科技大学、北京理工大学、北京联合大学联合打造的自动驾驶客运巴士——阿尔法巴（Alphabus）正式在深圳福田保税区的开放道路进行线路的信息采集和试运行。

2019 年 9 月，由百度和中国一汽联手打造的中国首批量产 L4 级自动驾驶乘用车——红旗 EV，获得 5 张北京市自动驾驶道路测试牌照。2019 年 9 月 22 日，国家智能网联汽车（武汉）测试示范区正式揭牌，百度、海梁科技、深兰科技等企业获得全球首张自动驾驶车辆商用牌照。2019 年 9 月 26 日，百度在长沙宣布，自动驾驶出租车队 Robotaxi 试运营正式开启。2019 年 10 月，新华社记

项目一　智能网联汽车概述

者试乘了一辆自动驾驶汽车，整个试乘过程中，记者总体感觉安全、平稳和舒适。

国内外有多家公司致力于智能网联汽车的研发，截止到 2019 年，全球大部分主流主机厂已经全面投入 ADAS 和自动驾驶系统开发当中，表 1-3-1 所示为有代表性的国内外汽车公司在自动驾驶领域的战略规划。

表 1-3-1　有代表性的国内外汽车公司在自动驾驶领域的战略规划

企业	战　略	战略规划内容
丰田	2016 年发布"环境挑战 2050"战略	2020 年推出机动车道自动驾驶汽车 2025—2029 年将自动驾驶技术的适用范围扩大至普通道路
大众	2016 年发布"携手共进-2025"战略	2021 年推出全自动 L5 级自动驾驶电动轿车、货车和卡车
特斯拉	—	拥有 Autopilot 自动驾驶辅助系统 2020 年在迪拜推出自动驾驶出租车项目，未来将推出更多搭载完全自动驾驶功能的原型车
沃尔沃	2015 年推出"Drive Me 自动驾驶汽车"计划	2020 年达到自动驾驶零伤亡 2021 年实现 L4 级别的汽车量产
广汽	2015 年发布"十三五"战略	辅助驾驶已实现自动泊车和驾驶提醒等功能 半自动驾驶 2020 年前实现 预计 2025 年之前实现高度自动驾驶：自动制动、自动换档等 2030 年之前实现完全自动驾驶
一汽	2015 年发布"挚途"技术战略布局	2018 年完成基于高精定位的 L3 级别产品开发 2020 年完成基于 5G 驾驶网络的 L4 级别产品开发 2025 年完成 L5 级别的产品开发
上汽	2016 年发布"2025 车联网"战略	2021—2025 年推进 5G 网络、AR 技术、人工智能、柔性 OLED 显示等前沿技术开发，实现高度自动驾驶
长城	2019 年将发布"全域智能生态"战略	2019—2020 年实现 L2 级自动驾驶 计划于 2020—2021 年实现 L3 级自动驾驶 计划于 2023 年实现 L4 级自动驾驶 计划于 2025 年实现 L5 级自动驾驶

三、智能网联汽车发展前景

根据全球知名经济咨询机构 IHS 环球透视（以下简称 IHS）汽车部门预测，全球智能驾驶汽车销量将由 2025 年的 23 万辆，发展到 2035 年将超过 1000 万辆；到 2022 年全球联网汽车的市场保有量将达 3.5 亿台，市场占比达到 24%，具有联网功能的新车销量将达到 9800 万台，市场占比达 94%。

2020 年 2 月，国家发改委正式发布关于印发《智能汽车创新发展战略》的通知，提出战略愿景，到 2025 年，中国标准智能汽车的技术创新、产业生态、基础设施、法规标准、产品监管和网络安全体系基本形成。实现有条件自动驾驶的智能汽车达到规模化生产，实现高度自动驾驶的智能汽车在特定环境下市场化应用。智能交通系统和智慧城市相关设施建设取得积极进展，车用无线通信网络（LTE-V2X 等）实现区域覆盖，新一代车用无线通信网络（5G-V2X）在部分城市、高速公路逐步开展应用，高精度时空基准服务网络实现全覆盖。国家顶层设计将智能网联汽车定义为战略发展方向，产业意义深远，重要性将与新能源汽车相当。现有的整车厂，倾向于温和渐进的策略。他们认为只有当技术足够成熟、社会阻碍彻底清除时，全自动驾驶汽车才可能实现。在此期间，整车厂将遵从既定的方式进行市场化，首先在高端车型上配备自动驾驶模块。

智能网联汽车的行驶模式可以更加节能高效，因此交通拥堵及对空气的污染将得以减弱。智能网联汽车的未来发展前景如图1-3-3所示。

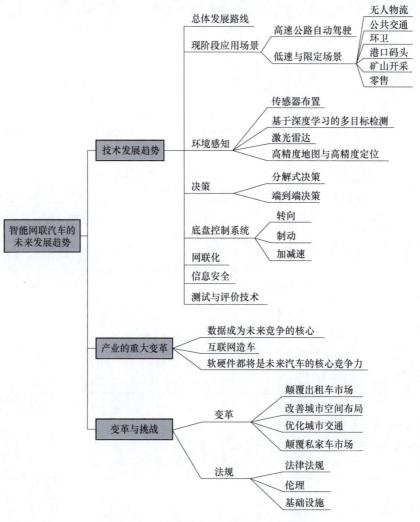

图1-3-3　智能网联汽车的未来发展前景

1. 自动驾驶汽车业内普遍接受的是SAE（美国汽车工程师学会）在J3016—2014文件提出的自动驾驶分级定义，按照自动化程度分为6个等级，由L0～L5分为6个等级。

2. 我国划分的6个等级和美国SAE中的L0～L5级是基本对应的，但也有差异，主要体现在L2级。

3. 国家发改委发布的《智能汽车创新发展战略》提出战略愿景，到2025年中国标准智能汽车的技术创新、产业生态、基础设施、法规标准、产品监管和网络安全体系基本形成。

一、不定项选择题

1. 在下列选项中，（　　）是未来汽车的发展方向。
A. 智能化　　　　B. 低碳化　　　　C. 大数据化　　　　D. 信息化
2. 我国智能网联汽车的发展会经过（　　）个发展阶段。
A. 2　　　　　　B. 3　　　　　　　C. 4　　　　　　　　D. 5
3. 下列（　　）术语是智能网联汽车智能决策层。
A. 协同控制　　　B. 行人识别　　　C. 安全预警控制　　D. 毫米波雷达
4. 下列（　　）属于智能网联汽车信息感知设备。
A. 车载摄像头　　B. 车载激光　　　C. 车载激光雷达　　D. 发动机 ECU

二、思考题

1. 智能网联汽车的功能有哪些？
2. 简述智能网联汽车的技术架构。
3. 简述智能网联汽车的物理结构。

项目二 智能网联汽车环境感知技术

任务一 环境感知系统整体认知

学习目标

1. 掌握智能网联汽车环境感知的定义和组成
2. 熟悉环境感知的对象和方法
3. 了解常见环境感知传感器的类型、特点及在智能网联汽车上的应用

理论知识

一、环境感知系统的定义

智能网联汽车环境感知系统相当于人的感官神经,利用车载视觉传感器、激光雷达、毫米波雷达、超声波雷达以及V2X通信技术等获取智能网联汽车周围环境信息,包括车辆、行人、道路和环境等,以上信息经过车载ECU处理后传输给车载控制单元,为智能网联汽车的安全行驶提供及时、准确和可靠的决策依据。

智能网联汽车环境感知对象主要包括以下几个方面:

(1)行车路径　行车路径是指车辆可行驶的道路区域,可分为结构化道路和非结构化道路。如图2-1-1所示,结构化道路一般是指高速公路、城市干道等结构化较好的公路,这类道路具有清晰的道路标志线,道路的背景环境比较单一,道路的几何特征也比较明显,针对它的路径识别主要包括:行车线、行车路边缘、道路隔离物。非结构化道路一般是指城市非主干道、乡村街道等结构化程度较低的道路,这类道路没有车道线和清晰的道路边界,再加上受阴影和水迹等的影响,道路区域和非道路区域难以区分,针对它的路径识别主要包括:路面环境状况的识别和可行驶路径的确认。

(2)周边物体　周边物体主要包括车辆、行人、地面上可能影响车辆通过性、安全性的其他各种移动或静止物体、各种交通标志、交通信号灯等。如图2-1-2所示,特斯拉Model S行车时,通过中间摄像头的感知,实现了对前方环境中的车辆、交通标识、行人及行车路径的识别。

(3)驾驶状态　驾驶状态包括驾驶人自身状态、车辆自身行驶状态的识别。

(4)驾驶环境　驾驶环境检测主要包括路面状况、道路交通拥堵情况、天气状况的识别。

二、环境感知系统的组成

环境感知系统包括信息采集单元、信息处理单元及信息传输单元三大模块,具体组成如图2-1-3所

示。其中，信息采集单元包括视觉传感器、激光雷达、毫米波雷达、超声波雷达、车载自组网络和导航定位装置等；信息处理单元包括道路识别、车辆识别、行人识别、交通标志识别、交通信号灯识别，信息传输单元包括显示系统、报警系统、传感器网络和车载自组网络等。

a) 结构化道路

b) 非结构化道路

图 2-1-1　结构化道路与非结构化道路

图 2-1-2　特斯拉 Model S 行车时的环境感知

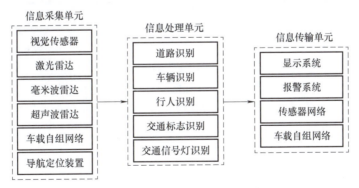

图 2-1-3　环境感知系统的组成

激光雷达原理及应用

超声波雷达原理及应用

三、环境感知传感器的类型

智能网联汽车环境感知传感器主要包括视觉传感器、激光雷达、毫米波雷达、超声波雷达和红外线传感器。GPS、惯性元件具有环境感知功能,但是主要用于智能网联汽车的定位与导航系统,本章不做介绍。环境感知各传感器的性能特点见表2-1-1。

表2-1-1 环境感知各传感器的性能特点

	视觉传感器	超声波雷达	红外线传感器	激光雷达	毫米波雷达
优势	成本适中;可以分辨出障碍物的距离和大小,并区分障碍物类型	结构简单,价格便宜,体积小巧	低成本,夜间不受影响	测距精度高,方向性强,响应时间快,不受地面杂波干扰	不受天气情况和夜间的影响,可以探测到远距离(100m以上)的物体
劣势	与人眼一样,会受到视野范围的影响	会受到天气和温度变化的影响,最大测量距离一般只有几米	会受天气条件限制,只能探测到近距离的物体	成本很高;不能全天候工作,遇浓雾、雨、雪等极端天气无法工作	成本较高;行人的反射波较弱,难以探测,需与视觉传感器互补使用
远距离探测能力	强	弱	一般	强	强
夜间工作能力	弱	强	强	强	强
全天候工作能力	弱	弱	弱	弱	强
受气候影响	大	小	大	大	小
烟雾环境工作能力	弱	一般	弱	弱	强
雨雪环境工作能力	一般	强	弱	一般	强
温度稳定性	强	弱	一般	强	强
车速测量能力	弱	一般	弱	弱	强

从表2-1-1中可以看出,单一传感器都有其局限性,通过单一传感器的感知难以提供智能网联汽车行驶环境的全面描述。为了克服单一传感器的数据可靠性低、有效探测范围小等局限性,保证在任何时刻都能为车辆运行提供完全可靠的环境信息,在智能网联汽车中使用传感器融合技术进行环境感知。利用多传感器信息融合技术对检测到的数据进行分析、综合和平衡,根据各个传感器信息在时间或空间的冗余或互补特性进行容错处理,扩大系统的时频覆盖范围,增加信息维数,避免单个传感器的工作盲区,从而得到所需要的环境信息。

1. 智能网联汽车环境感知系统利用车载视觉传感器、雷达以及V2X通信技术等获取智能网联汽车周围环境信息,并将这些信息传输给车载控制单元,为智能网联汽车的安全行驶提供及时、准确、可靠的决策依据。

2. 环境感知系统包括信息采集单元、信息处理单元及信息传输单元三大模块。

3. 智能网联汽车环境感知对象主要包括行车路径、周边物体、驾驶状态和驾驶环境。

4. 环境感知系统常用的传感器包括视觉传感器、激光雷达、毫米波雷达、超声波雷达和红外线传感器。

项目二 智能网联汽车环境感知技术

任务二 激光雷达原理及应用认知

学习目标

1. 掌握激光雷达的概念和分类
2. 熟悉激光雷达的基本组成和工作原理
3. 了解激光雷达的应用场景

理论知识

一、激光雷达的概念

激光雷达（Light Detection and Ranging，LiDAR）是一种光学遥感传感器，它通过向目标物体发射激光，然后根据接收-反射的时间间隔确定目标物体的实际距离，根据距离及激光发射的角度，通过几何变化推导出物体的位置信息。激光雷达能够确定物体的位置、大小、外部形貌甚至材质。激光雷达采集到的物体信息呈现出一系列分散的、具有准确角度和距离信息的点，被称为点云。图2-2-1所示为激光雷达工作过程中的点云图。

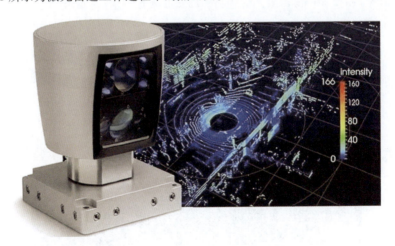

图2-2-1 激光雷达工作过程中的点云图

与传统雷达使用无线电波相比，激光雷达使用激光射线，其射线波长一般为600~1000nm，远远低于传统雷达所使用的波长。因此，激光雷达在测量物体距离和表面形状方面可达到更高的精准度，一般精准度可以达到厘米级。由于激光的传播受外界环境影响较小，激光雷达能够检测的距离一般可达100m以上。

二、车载激光雷达的类型

（1）按扫描方式分类 车载激光雷达根据其扫描方式的不同，可分为机械激光雷达和固态激光雷达。机械激光雷达外表上最大的特点就是有机械旋转机构，如图2-2-2所示。我们看到的智能网联测试车车顶上较复杂的圆柱形装置，即为机械激光雷达。这种雷达调试、装配工艺复杂，生产周期长，成本居高不下，并且机械部件寿命不长，难以满足苛刻的车规级要求。另外，机械激光雷达由于光学结构固定，适配不同车辆往往需要精密调节其位置和角度。因此，激光雷达量产商都在着手开发性能更好、体积更小、集成化程度更高，并且成本更低的激光雷达。

图 2-2-2　机械激光雷达

固态激光雷达由于不存在旋转的机械结构，因此其结构简单、尺寸小，如图 2-2-3 所示。另外，该类雷达所有的激光探测水平和垂直视角都是通过电子方式实现的，并且装配调试可以实现自动化，能够量产，成本大幅降低，设备的耐用性也有效地提高了，固态激光雷达是必然的技术发展路线。但是，固态激光雷达在不良天气条件下检测性能较差，不能实现全天候工作。机械激光雷达能进行 360°范围的扫描，固态激光雷达一般为 120°范围的前向扫描。根据技术路线的不同，固态激光雷达又分为光学相控阵（Optical Phased Array，OPA）激光雷达、微机电系统（Micro-Electro Mechanical Systems，MEMS）激光雷达和 3D Flash 激光雷达。

图 2-2-3　固态激光雷达

（2）按雷达线数分类　根据线数的多少，激光雷达可分为单线激光雷达和多线激光雷达。

单线激光雷达扫描一次只产生一条扫描线，其所获得的数据为 2D 数据，因此无法区别有关目标物体的 3D 信息，如图 2-2-4 所示。由于单线激光雷达比多线激光雷达的角频率和灵敏度更快，所以，在测量周围障碍物的距离和精度上都更加

图 2-2-4　单线激光雷达

精确。但是，单线激光雷达只能平面式扫描，不能测量物体高度，有一定局限性。目前，主要应用于服务机器人领域，如扫地机器人。在智能车上，单线激光雷达主要用于规避障碍物、地形测绘等领域。

多线激光雷达扫描一次可产生多条扫描线，主要应用于障碍物的雷达成像，相比单线激光雷达在维度提升和场景还原上有了质的改变，可以识别物体的高度信息，目前市场上多线产品包括4线、8线、16线、32线、64线等。图2-2-5所示为多线激光雷达扫描的不同类型障碍物的点云图，包括汽车、人、墙、树木、公交车和小货车等。

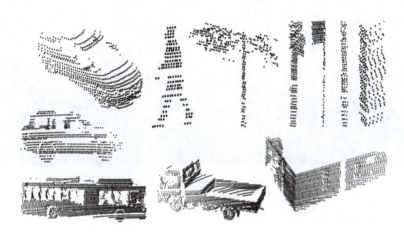

图 2-2-5　多线激光雷达扫描的不同类型障碍物的点云图

（3）其他分类方式　此外，激光雷达按照功能用途可分为激光测距雷达、激光测速雷达、激光成像雷达、大气探测雷达和跟踪雷达等；按照激光发射波形分类，可分为连续型激光雷达和脉冲型激光雷达；按载荷平台分类，可分为机载激光雷达和车载激光雷达等；按探测方式分类，可分为直接探测激光雷达和相干探测激光雷达。

三、车载激光雷达的基本组成

激光雷达由发射光学系统、接收光学系统、主控及处理电路板、探测器接收电路模块、激光器及驱动模块等组成。图2-2-6和图2-2-7所示为不同类型的激光雷达内部结构图。

图 2-2-6　单线激光雷达零件分解图

四、车载激光雷达的工作原理

现今市场上主流的车载激光雷达主要是基于三种原理测距，即三角测距法、飞行时间（Time of Flight，TOF）测距法和调幅连续波（Amplitude Modulated Continuous Wave，AMCW）测距法。接下来，以TOF测距法为例介绍激光雷达的测距原理。

如图2-2-8所示，TOF测距法就是根据激光遇到障碍物后的折返时间，通过光速计算目标与雷达的相对距离。激光光束可以准确测量视场中物体轮廓边沿与设备间的相对距离，这些轮廓信息组成点云图并绘制出3D环境地图。

从原理上来说，TOF雷达可以测量的距离更远。实际上，在一些要求测量距离较远的场合，比如智能网联汽车应用，几乎都是TOF雷达。TOF激光雷达采用脉冲激光采样，并且还能严格控

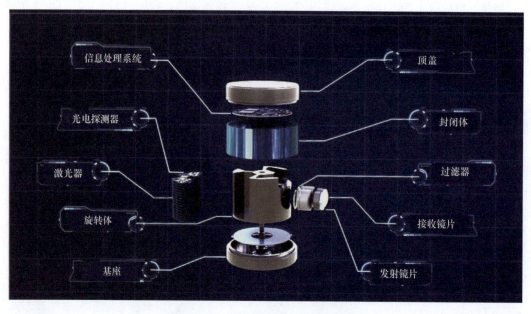

图 2-2-7　16 线激光雷达内部结构图

制视场,以减少环境光的影响,这些都是长距离测量的前提条件。另外,在转速一定的情况下,采样率(每秒能够完成的点云测量次数)决定了每一帧图像的点云数目以及点云的角分辨率。角分辨率越高,点云数量越多,则图像对周围环境的描绘就越细致。

三种测距方案各具优缺点,将车载激光雷达需具备的 5 个核心能力作为选型的维度对上述三种测距方法进行了总结对比,见表 2-2-1。

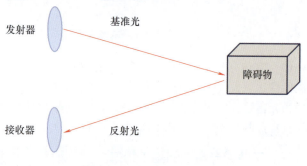

图 2-2-8　TOF 测距法测距

表 2-2-1　激光雷达三种测距方案对比

测距方案	探测距离	探测精度	抗强光能力	光功率	成本
三角测距法	最近	近距离精度高 远距离精度低	不具备	低	低
TOF 测距法	最远	高	强	适中	适中
AMCW 测距法	适中	适中	适中	高	适中

五、车载激光雷达的应用场景

智能网联汽车通过激光雷达对周边环境进行扫描识别,从而引导车辆行进。激光雷达在智能网联汽车中起着类似于"眼睛"的功能,能够根据扫描到的点云数据快速绘制 3D 全景地图。主要应用场景有障碍物分类、障碍物跟踪、路沿可行驶区域检测、车道标志线检测和高精度定位等。接下来介绍典型应用案例。

（1）障碍物分类　　激光雷达对周围障碍物进行扫描，对障碍物的形状特征进行提取，对比数据库原有特征数据，进行障碍物分类，如图 2-2-9 所示。激光雷达将小轿车、大货车和自行车等进行了分类。

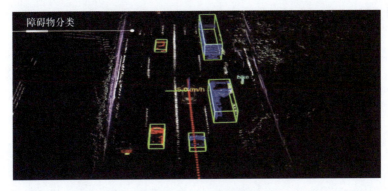

图 2-2-9　障碍物分类

（2）障碍物跟踪　　激光雷达采用相关算法对比前后帧变化障碍物，利用同一障碍物的坐标变化，实现对障碍物的速度和航向的检测跟踪，为后续避障提供可靠的数据信息，如图 2-2-10 所示。

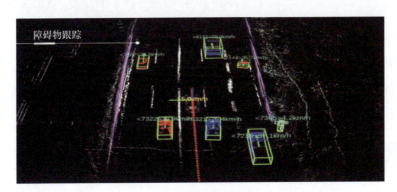

图 2-2-10　障碍物跟踪

（3）高精度定位　　首先 GPS 给定初始位置，通过 IMU（惯性测量元件）和车辆的 Encoder（编码器）可以得到车辆的初始位置，然后对激光雷达的局部点云信息，包括点线面的几何信息和语义信息进行特征提取，并结合车辆初始位置进行空间变换，获取基于全局坐标系下的矢量特征，接着将这些特征与高精度地图的特征信息进行匹配，获取一个准确的定位，如图 2-2-11 所示。

图 2-2-11　高精度定位

1. 激光雷达是一种光学遥感传感器，它通过向目标物体发射激光射线，然后根据接收-反射的时间间隔确定目标物体的实际距离，根据距离及激光发射的角度，通过几何变化推导出物体的位置信息。

2. 车载激光雷达根据其扫描方式的不同，可分为机械激光雷达和固态激光雷达。根据线数的多少，激光雷达可分为单线激光雷达与多线激光雷达。按照功能用途可分为激光测距雷达、激光测速雷达、激光成像雷达、大气探测雷达、跟踪雷达等；按照激光发射波形分类，可分为连续型激光雷达和脉冲型激光雷达；按载荷平台分类，可分为机载激光雷达和车载激光雷达等；按探测方式分类，可分为直接探测激光雷达和相干探测激光雷达。

3. 激光雷达由发射光学系统、接收光学系统、主控及处理电路板、探测器接收电路模块、激光器及驱动模块组成。

4. 车载激光雷达主要是基于三种原理测距，三角测距法、TOF 测距法和 AMCW 测距法。

5. 车载激光雷达的主要应用场景有障碍物分类、障碍物跟踪、路沿可行驶区域检测、车道标志线检测和高精度定位。

任务三　毫米波雷达原理及应用认知

1. 掌握毫米波雷达的特点和分类
2. 熟悉毫米波雷达的基本组成和工作原理
3. 了解毫米波雷达的应用场景

一、毫米波雷达的概念

毫米波雷达是工作在毫米波波段的探测雷达，通常毫米波是指频率在 30～300GHz（波长为 1～10mm）的电磁波。毫米波雷达向周围发射电磁波，通过测定和分析反射波，以计算障碍物的距离、方向和大小。毫米波雷达外观图如图 2-3-1 所示。

图 2-3-1　毫米波雷达外观图

二、毫米波雷达的类型

应用在智能网联汽车领域的毫米波雷达主要有三个频段，分别是24GHz、77GHz和79GHz。不同频段的毫米波雷达有着不同的性能。

（1）24GHz频段　处在该频段上的雷达的检测距离有限，因此常用于检测近处的障碍物。在自动驾驶系统中可用于感知车辆近处的障碍物，为换道决策提供感知信息，在ADAS中可用于盲点检测、变道辅助等。

（2）77GHz频段　性能良好的77GHz雷达的最大检测距离可以达到160m以上，因此常被安装在前保险杠上，正对汽车的行驶方向。长距离雷达能够用于实现紧急制动、自适应巡航等ADAS功能，同时也能满足自动驾驶领域对障碍物距离、速度和角度的测量需求。

图2-3-2所示为Audi A8的传感器布局。其中，被标注了橙色框的角雷达（Corner radar）和后向雷达（Rear radar）就是频段在24GHz左右的短距离毫米波雷达，被标注为绿色框的长距离雷达（Long-range radar）为频段在77GHz左右的长距离毫米波雷达。

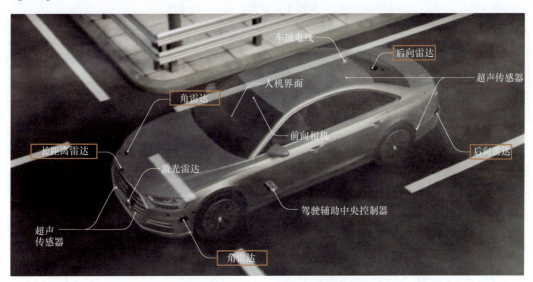

图2-3-2　Audi A8的传感器布局

（3）79GHz频段　79GHz频段的传感器能够实现的功能和77GHz一样，也是用于长距离的测量。

根据公式：光速＝波长×频率（$v = \lambda f$，$f = 1/T$），频率更高的毫米波雷达，其波长越短。波长越短，意味着分辨率越高；而分辨率越高，意味着在距离、速度和角度上的测量精度更高。因此，79GHz的毫米波雷达必然是未来的发展趋势。

三、毫米波雷达的基本组成

毫米波雷达主要由单片微波集成电路（MMIC）芯片、天线印制电路板、收发模块和信号处理模块等组成，如图2-3-3所示。其中，天线板上从上至下分别是10根发射天线TX1，然后是2根发射天线TX2，最后是4根接收天线RX1~RX4。因为近处的视角（FOV）比较大，大概有90°，所以需要更多天线，而远处的视角小，大概只有20°，所以2根天线就够了。

四、毫米波雷达的工作原理

调频式连续毫米波雷达（Frequency Modulated Continuous Wave，FMCW）是利用多普勒效应进

行障碍物的探测，它通过发射源（天线）向目标发射毫米波信号，并分析发射信号频率和反射信号频率之间的差值，精确测量出目标相对于雷达的距离、运动速度和方位角等信息。

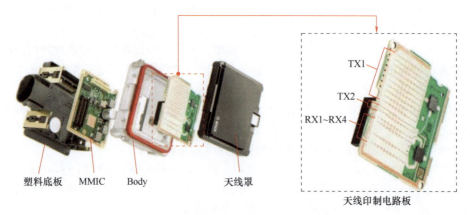

图 2-3-3　车载毫米波雷达的内部构造图

（1）测距原理　雷达调频器通过天线发射毫米波信号，发射信号遇到目标后，经目标的反射会产生回波信号，发射信号与回波信号相比形状相同，时间上存在差值。以雷达发射三角波信号为例，发射信号与返回的回波信号对比图如图 2-3-4 所示。

发射信号与反射信号间的频率差值直接取决于雷达和目标之间的距离。距离越大，发射信号接收的往返时间越长，并且发射频率与接收频率间的差值越大，如图 2-3-5 所示。

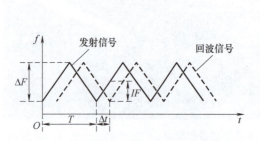

图 2-3-4　发射信号与返回的回波信号对比图

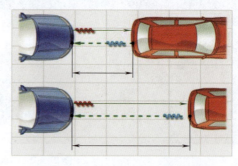

图 2-3-5　应用 FMCW 测距示意图

（2）测速原理　当目标与雷达信号发射源之间存在相对运动时，发射信号与回波信号之间除存在时间差外，频率上还会产生多普勒位移。例如，当前方车辆快速行驶时，车距加大，由于多普勒效应，反射信号（Δf_D）的频率将变小，这将导致上坡（Δf_1）和下坡（Δf_2）时的频率产生差值，如图 2-3-6 所示。

（3）测量方位角原理　关于被监测目标的方位角测量问题，毫米波雷达的探测原理如图 2-3-7 所示。毫米波雷达的发射天线 TX 发射出毫米波后，遇到被监测物体反射回来，通过毫米波雷达并列的接收天线 RX1、RX2 接收，根据同一监测目标反射回来的毫米波的相位差，就可以计算出被监测目标的方位角。

五、毫米波雷达的应用场景

毫米波雷达具有探测性能稳定、作用距离较长、识别精度高和环境适用性好等特点。但毫米波雷达分辨力不高，对行人探测反射波较弱，无法精确识别行人、交通标示符号和信号灯，需与视觉传感器互补使用。

项目二 智能网联汽车环境感知技术

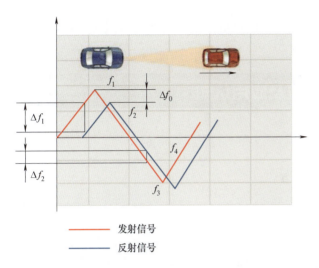

图 2-3-6 应用 FMCW 的测速原理

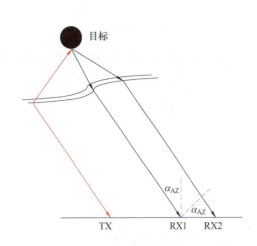

图 2-3-7 毫米波雷达测量方位角的原理

为了满足不同探测距离的需要,车内安装了大量的短程、中程和远程毫米波雷达。不同的毫米波雷达在车辆的前部、车身侧面和后部起着不同的作用。在图 2-3-8 示意图中,两个后向雷达分别安装在车辆的左侧和右侧尾部,绿色区域为后向雷达探测范围(0.1~80m);一个前向雷达安装在前保险杠中间位置,橙色为前向雷达探测范围(1~200m)。

图 2-3-8 车载毫米波雷达的探测范围图

前向雷达和后向雷达广泛应用于智能网联汽车的各类 ADAS 上,具体应用见表 2-3-1。

表 2-3-1 车载毫米波雷达在智能网联汽车上的应用

雷达类型	应 用
前向雷达	自适应巡航控制(ACC)、自动紧急制动(AEB)、前向防撞预警(FCW)
后向雷达	盲点检测(BSD)、变道辅助(LCA)、后方碰撞预警(RPC)、倒车碰撞预警(RCW)、开门报警(DOW)

1. 毫米波雷达是工作在毫米波波段探测的雷达。毫米波波长为 1~10mm,频率为 30~300GHz。毫米波雷达具有探测性能稳定、作用距离较长、识别精度高和环境适用性好等特点。但毫米波雷达分辨力不高,对行人探测反射波较弱,无法精确识别行人、交通标示符号和信号灯,需与视觉传感器互补使用。

2. 应用在智能网联汽车领域的毫米波雷达主要有三个频段,分别是 24GHz、77GHz 和 79GHz,不同频段的毫米波雷达有着不同的性能和成本。

3. 毫米波雷达主要由 MMIC 芯片、天线印制电路板、收发模块和信号处理模块等组成。

4. FMCW 是利用多普勒效应测量得出不同距离目标的速度,它通过发射源向目标发射毫米波信号,并分析发射信号频率和反射信号频率之间的差值,精确测量出目标相对于雷达的距离、运动速度和方位角等信息。

5. 毫米波雷达广泛应用于自适应巡航控制、前向防撞预警、盲点检测、辅助停车、辅助变道等先进驾驶辅助系统中。

任务四 超声波雷达原理及应用认知

学习目标

1. 掌握超声波雷达的功用
2. 了解超声波雷达的内部结构和工作原理
3. 了解超声波雷达传感器的类型
4. 了解超声波雷达传感器的特性

理论知识

一、超声波雷达的概念

超声波是一种频率高于20kHz的声波（机械波），它的方向性好，反射能力强，易于获得较集中的声能。超声波雷达是利用超声波的特性研制而成的传感器，可以通过接收反射后的超声波探知周围的障碍物情况。它可以消除驾驶人泊车、倒车和起动车辆时前、后、左、右探视带来的麻烦，帮助驾驶人消除盲点和视线模糊缺陷，提高行车安全性。如图2-4-1所示，图中用蓝色圆圈画出的区域中即为四个后向超声波雷达。

二、超声波雷达的类型

车载超声波雷达主要分为UPA和APA两大类。UPA是一种短程超声波雷达，主要安装在车身的前部与后部，检测范围为25cm～2.5m，由于检测距离小，多普勒效应和温度干扰小，检测更准确。APA是一种远程超声波雷达，主要用于车身侧面，检测范围为35cm～5m，可覆盖一个停车位，方向性强，探头的波传播性能优于UPA，相比于UPA成本更高，功率也更大。UPA和APA的探测范围和探测区域示意图如

图2-4-1 超声波雷达示意图

图2-4-2所示，图中的汽车配备了前后方向各四个UPA，左右两侧各两个APA。APA的探测距离优势让它不仅能够检测左右侧的障碍物，而且还能根据超声波雷达返回的数据判断停车位是否存在。因此，可用于自动泊车时的泊车库位检测。

三、超声波雷达的基本组成

超声波雷达主要由发射传感器、接收传感器、控制部分与电源等组成。发射传感器由波发送器与陶瓷振子换能器组成，换能器的作用是将陶瓷振子的电振动能量转换成超声波能量并向空中辐射；而接收传感器由陶瓷振子换能器与放大电路组成，换能器接收波产生机械振动，将其转化

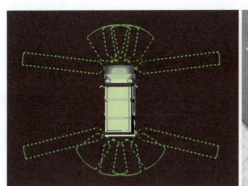

图 2-4-2　UPA 和 APA 的探测范围和探测区域示意图

为电能量,作为传感器接收器的输入,从而对发送的超声波进行检测。控制部分主要对发送器发送的脉冲链频率、占空比及稀疏调制和计数及探测距离等进行控制,图 2-4-3 所示为超声波雷达内部结构图。

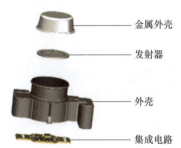

图 2-4-3　超声波雷达内部结构图

四、超声波雷达的工作原理

如图 2-4-4 所示,超声波雷达的工作原理是通过超声波发射装置向外发出超声波,到通过接收器接收到反射回来超声波时的时间差来测算距离。超声波在空气中的传播速度为 340m/s,发射点与障碍物表面之间的距离 s 可以根据计时器记录的时间 t 进行计算。计算公式为

$$s = 340t/2$$

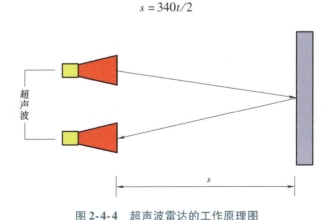

图 2-4-4　超声波雷达的工作原理图

五、超声波雷达的应用场景

超声波的能量消耗较缓慢,在介质中传播的距离比较远,穿透性强,测距的方法简单,成本低,但是它在速度很高的情况下测量距离有一定的局限性,主要体现在如下几个方面:

(1) 高速及远距离测量时误差较大　当汽车高速行驶时,使用超声波测距无法跟上汽车的车距实时变化,误差较大。另外,超声波散射角大,在测量较远距离的目标时,其回波信号会比较弱,影响测量精度。

(2) 温度敏感　超声波雷达的波速和温度有关，近似关系为
$$C = C_0 + 0.607T$$
式中　C_0——0℃时的声波速度；
　　　T——温度，单位为℃。

例如，温度在0℃时，超声波的传播速度为332m/s；温度在30℃时，超声波的传播速度为350m/s。相同相对位置的障碍物，在不同温度的情况下，测量的距离不同。因此，对传感器精度要求极高的智能网联汽车来说，要么选择将超声波雷达的测距进行保守计算；或者将温度信息引入智能网联汽车系统中，提升测量精度。

(3) 无法精确描述障碍物的位置　超声波雷达在工作时会返回一个探测距离的值，如图2-4-5所示。处于A处和处于B处的障碍物都会返回相同的探测距离d。所以在仅知道探测距离d的情况下，通过单个雷达的信息是无法确定障碍物是在A处还是在B处的。

综上分析，超声波雷达在智能网联汽车上主要用于低速、短程的距离测量，比如泊车、倒车和起动车辆时。

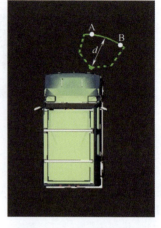

图2-4-5　障碍物位置图

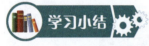

1. 车载超声波雷达是利用传感器内的超声波发生器，产生频率为20kHz以上的机械波，再由接收探头接收经障碍物反射回来的超声波，根据超声波发射接收的时间差计算与障碍物之间的距离。

2. 超声波雷达主要由发射传感器、接收传感器、控制部分与电源等组成。

3. 常见的超声波雷达有两种。一种是安装在汽车前后保险杠上的，也就是用于测量汽车前后障碍物的倒车雷达，业内称为UPA；另一种是安装在汽车侧面的，用于测量侧方障碍物的超声波雷达，业内称为APA。

4. 在短距离测量中，超声波测距传感器具有非常大的优势。但超声波雷达有两个特性：一是温度敏感，二是无法精确描述障碍物的位置。因此，将超声波雷达引入智能网联汽车中时，要注意这两个特性，做温度补偿或保守计算。

任务五　视觉传感器原理及应用认知

1. 掌握视觉传感器的概念
2. 熟悉视觉传感器的主要类型及基本组成
3. 了解视觉传感器的主要工作流程
4. 了解视觉传感器的应用场景

一、视觉传感器的概念

视觉传感器是人工智能的一个分支，起源于20世纪80年代的神经网络技术，通过使用光学系

统和图像处理工具等来模拟人的视觉能力捕捉和处理场景的三维信息,理解并通过指挥特定的装置执行决策。视觉传感器涉及多种技术,包括图像处理、机械工程技术、控制、电光源照明、光学成像、传感器、模拟与数字视频技术、计算机软硬件技术等。

二、视觉传感器的类型

根据镜头和布置方式的不同,视觉传感器主要包括单目视觉传感器、双目视觉传感器、三目视觉传感器和环视视觉传感器。此外,红外夜视系统也属于视觉传感器一个独特的分支,图像处理算法在处理远红外夜视图像时中依然能够发挥作用。接下来将分别介绍这五类视觉传感器。

(1) 单目视觉传感器　如图2-5-1所示,单目视觉传感器只包含一个摄像机和一个镜头。由于很多图像算法的研究都是基于单目视觉传感器开发的,因此相对于其他类别的车载视觉传感器,单目视觉传感器的算法成熟度更高。

但是,单目视觉有两个先天的缺陷,一是它的视野完全取决于镜头。焦距短的镜头,视野广,但缺失远处的信息,反之亦然。二是单目测距的精度较低。摄像机的成像图是透视图,即越远的物体成像越小。

图2-5-1　单目车载视觉传感器

近处的物体,需要用几百甚至上千个像素点描述;而处于远处的同一物体,可能只需要几个像素点即可描述出来。这种特性会导致越远的地方,一个像素点代表的距离越大。因此,对于单目视觉来说,物体越远,测距的精度越低。

(2) 双目视觉传感器　由于单目测距存在缺陷,双目视觉应运而生,如图2-5-2所示,双目视觉传感器包含两个摄像机和两个镜头。相近的两个摄像机拍摄物体时,会得到同一物体在相机成像平面的像素偏移量。有了像素偏移量、相机焦距和两个车载视觉传感器的实际距离这些信息,根据数学换算即可得到物体的距离。将双目测距原理应用在图像上每一个像素点时,即可得到图像的深度信息。深度信息的加入,不仅便于障碍物的分类,也能提高高精度地图的定位精度。

图2-5-2　双目视觉传感器

与单目视觉相比,双目视觉的特点如下:一是成本比单目系统要高,但尚处于可接受范围内,并且与激光雷达等方案相比成本较低;二是没有识别率的限制,因为从原理上无须先进行识别再进行测算,而是对所有障碍物直接进行测量;三是精度比单目高,直接利用视差计算距离。双目系统的一个难点在于计算量非常大,对计算单元的性能要求非常高。

(3) 三目视觉传感器　由于单目视觉传感器和双目视觉传感器都存在某些缺陷,因此,很多智能网联汽车采用了三目视觉传感器方案。三目视觉传感器是三个不同焦距单目视觉传感器的组合。图2-5-3所示为特斯拉AutoPilot 2.0安装在风窗玻璃下方的三目视觉传感器,分别为25°视场、50°视场、150°视场。其中,25°视场用于检测前车道线、交通灯,50°视场负责道路状况监测,

150°视场用于监测平行车道道路状况以及行人和非机动车的行驶状况。

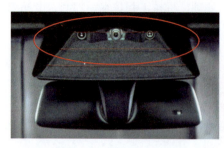

图 2-5-3　特斯拉 AutoPilot 2.0 安装在风窗玻璃下方的三目视觉传感器

对车载视觉传感器来说，感知的范围要么损失视野，要么损失距离。三目视觉传感器能较好地弥补感知范围的问题。三目摄像头的缺点是需要同时标定三个车载视觉传感器，因而工作量更大一些。其次，软件部分需要关联三个车载视觉传感器的数据，对算法要求也很高。

（4）环视视觉传感器　之前提到的三款视觉传感器所用的镜头都是非鱼眼的，环视视觉传感器的镜头是鱼眼镜头，而且安装位置是朝向地面的。某些高配车型上会有"360°全景显示"功能，所用到的就是环视摄像机。

如图 2-5-4 所示，安装于车辆前方、车辆左右后视镜下和车辆后方的四个鱼眼镜头采集图像，采集到的图像如图 2-5-4 所示。为了获取足够大的视野，鱼眼摄像机的代价是图像畸变严重。

图 2-5-4　鱼眼镜头采集图像

通过标定值进行图像的投影变换，可将图像还原成俯视图的样子。然后对四个方向的图像进行拼接，再在四幅图像的中间放上一张车的俯视图，即可实现从车顶往下看的效果，如图 2-5-5 所示。

环视视觉传感器的感知范围并不大，主要用于车身 5～10m 内的障碍物检测、自主泊车时的库位线识别等。

（5）红外夜视视觉传感器　夜间可见光成像的信噪比较低，从而导致视觉传感器夜间成像效果不佳，而红外夜视系统可以弥补光照不足条件下视觉传感器的缺点。红外夜视系统可分为主动夜视和被动夜视两种类型。

主动夜视系统：是利用近红外光作为光源照明目标，如红外 LED、红外灯和近红外激光器等，用低照度摄像机或微光摄像机接收目标反射的红外光,转换成视频信号在监视器荧光屏上同步显示图像。

被动夜视系统:有两种类型,一类是利用月光、星回光、夜天光等一切很微弱的自然光线,加以放大增强达到可视的目的,这类夜视仪也称为微光夜视仪。另一类是利用远红外敏感的探测器探测目标本身的热辐射,这类夜视仪也称为热像仪。

红外夜视系统基于红外热成像原理,通过能够透过红外辐射的红外光学系统,将视场内景物的红外辐射聚焦到红外探测器上,红外探测器再将强弱不等的辐射信号转换成相应的电信号,然后经过放大和视频处理,形成可供人眼观察的视频图像。如图 2-5-6 所示,镜头中出现了多个行人,且都被标记了出来。

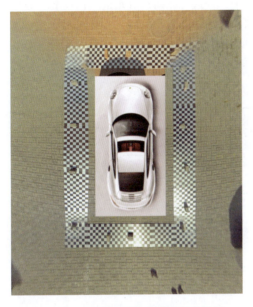

图 2-5-5　环视视觉传感器环视效果图

图 2-5-6　红外夜视系统检测效果图

三、视觉传感器的基本组成

一个典型的视觉传感器系统包括光源、工业相机、工业镜头、图像处理单元、监视器、通信/输入输出单元等。其核心则是图像处理单元,也就是把存入的大量数字化信息与模板库信息进行比较处理,并快速得出结论,其运算速度和准确率是关键指标。这主要是通过高效合理的算法和处理能力强大的芯片来实现的。

四、视觉传感器的工作原理

视觉传感器在智能网联汽车中解决的问题可以分为物体的识别与跟踪、车辆本身的定位两类。

(1) 物体的识别与跟踪　通过机器学习的方法,智能网联汽车可以识别在行驶途中遇到的物体,比如行人、车辆、交通信号、交通标志、车道线、道路边界和自由行驶空间等。如图 2-5-7 所示,图中

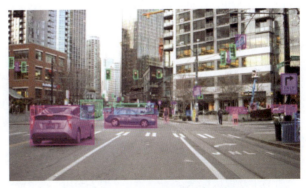

图 2-5-7　视觉传感器检测效果图

不同颜色矩形框框出来的内容即为视觉传感器感知的对象。

一般来说，视觉传感器识别的过程主要包括图像输入、预处理（如平滑滤波、二值化、灰度转化等）、特征提取（如形状特征、阴影特征等）、特征分类、模板匹配和完全识别等，如图 2-5-8 所示。

图 2-5-8　视觉传感器识别过程

（2）车辆本身的定位　智能网联汽车基于视觉技术用于车辆本身的定位时，主要采用视觉 SLAM 技术，根据提前建好的地图和实时的感知结果做匹配，获取智能网联汽车的当前位置。视觉 SLAM 系统可分为传感器数据、视觉里程计、后端、建图和回环检测五个模块。视觉 SLAM 定位流程图如图 2-5-9 所示，输入传感器数据后，前台线程根据传感器数据进行跟踪求解，实时恢复每个时刻的位姿，后台线程进行局部或全局优化，减少误差累积，并进行场景回路检测，最后输出设备实时位姿。

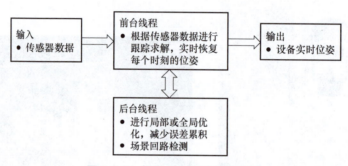

图 2-5-9　视觉 SLAM 定位流程图

五、视觉传感器的应用场景

生物学研究表明，人类获取外界信息 75% 依靠视觉系统，而在驾驶环境中这一比例甚至高达 90%。如果能够将视觉传感器系统应用到智能网联汽车领域，无疑将会大幅度提高自动驾驶的准确性。视觉传感器在整个环境感知系统中占据了非常重要的地位，在智能网联汽车上的应用主要有两大类功能，分别是感知能力和定位能力。感知能力是实现对智能网联汽车各种环境信息的感知。定位能力主要采用视觉 SLAM 技术，根据提前建好的地图和实时的感知结果做匹配，获取智能网联汽车的当前位置。

由于成本相对较低、算法成熟度高、体积小、功能多样化等优点，智能网联汽车上的视觉传感器安装数量较多，图 2-5-10 所示为视觉传感器在智能网联汽车上的安装位置及功能示意图。本车中包含一个内置摄像头、一个前视传感器摄像头、一个行车记录仪摄像头、一个倒车后视摄像头、两个侧视摄像头和两个环视摄像头。

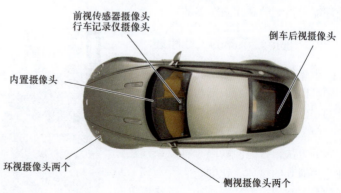

图 2-5-10　视觉传感器在智能网联汽车上的安装位置及功能示意图

视觉传感器可以提供的感知能力主要有车道线识别、障碍物识别、交通标志识别、道路标志识别、交通信号灯识别、可行驶区域识别、周围车辆感知、交通状况感知、道路状况感知、车辆本身状态感知等。视觉传感器在智能网联汽车上的具体应用示意图如图2-5-11及表2-5-1所示。

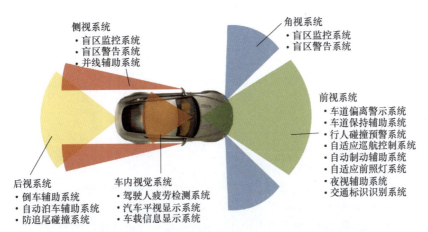

图 2-5-11　视觉传感器在智能网联汽车上的具体应用示意图

表 2-5-1　视觉传感器在智能网联汽车上的具体应用

ADAS	摄像头位置	具体功能
车道偏离预警系统	前视	当前视摄像头检测到车辆即将偏离车道线时发出警报
盲区监控系统	侧视	利用侧视摄像头将后视镜盲区的影像显示在后视镜或驾驶舱内
自动泊车辅助系统	后视	利用后视摄像头将车尾影像显示在驾驶舱内
全景泊车系统	前视、侧视、后视	利用图像拼接技术将摄像头采集的影像组成周边全景图
驾驶人疲劳检测系统	内置	利用内置摄像头检测驾驶人是否疲劳、闭眼等
行人碰撞预警系统	前视	当前视摄像头检测到车辆与前方行人可能发生碰撞时发出警报
车道保持辅助系统	前视	当前视摄像头检测到车辆即将偏离车道线时通知控制中心发出指示，纠正行驶方向
交通标识识别系统	前视、侧视	利用前视、侧视摄像头识别前方和两侧的交通标识
前向碰撞预警系统	前视	当前视摄像头检测到与前车距离小于安全距离时发出警报

1. 视觉传感器在整个环境感知系统中占据了非常重要的地位，相当于智能网联汽车的眼睛。视觉传感器在智能网联汽车上的应用主要有两大类功能，分别是感知能力和定位能力。

2. 一个典型的视觉传感器系统包括光源、工业相机、工业镜头、图像处理单元、监视器、通信/输入输出单元等，而其核心是高速图像处理单元。

3. 车载摄像头根据镜头和布置方式的不同主要有单目车载摄像头、双目车载摄像头、三目车载摄像头和环视车载摄像头四种。

4. 车载视觉传感器主要用于检测路面的车道线、障碍物、交通标识牌、地面标识、可通行空间和交通信号灯等。

任务六　多传感器融合技术认知

1. 了解多传感器融合的概念
2. 了解多传感器融合的方法
3. 了解多传感器融合技术在智能网联汽车上的应用

一、多传感器融合的概念

多传感器融合又称为多传感器信息融合（Multi-Sensor Information Fusion），有时也称作多传感器数据融合（Multi-Sensor Data Fusion），于1973年在美国国防部资助开发的声呐信号处理系统中被首次提出，它是对多种信息的获取、表示及其内在联系进行综合处理和优化的技术。如图2-6-1所示，它从多信息的视角进行处理及综合，得到各种信息的内在联系和规律，从而剔除无用和错误的信息，保留正确和有用的成分，最终实现信息的优化，也为智能信息处理技术的研究提供了新的思路。

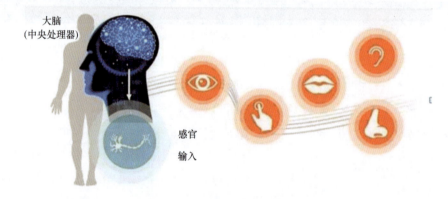

图 2-6-1　多传感器信息融合概念图

数据融合主要的优势在于：充分利用不同时间与空间的多传感器数据资源，采用计算机技术按时间序列获得多传感器的观测数据，在一定准则下进行分析、综合、支配和使用。获得对被测对象的一致性解释与描述，进而实现相应的决策和估计，使系统获得比各组成部分更为充分的信息。

二、多传感器融合的方法

在以目标身份估计为目的的体系结构下，根据多传感器信息融合技术抽象程度的不同，可以将其划分为像素级融合、特征级融合和决策级融合三个层次，具体应用方案根据系统特点进行合理选择。

1）像素级融合。像素级融合又称为数据级融合，如图2-6-2所示，它将各传感器采集的原始数据进行融合，最大可能地保留了各预处理阶段的细微信息。但是，由于融合进行在数据的最底层，计算量大且容易受不稳定性、不确定性因素的影响。同时，数据融合精确到像素级的准确度，因而无法处理异构数据。

2）特征级融合。如图 2-6-3 所示，特征级融合是通过各传感器的原始数据结合决策推理算法，对信息进行分类、汇集和综合，提取出具有充分表示量和统计量的属性特征。根据融合内容，特征级融合又可以分为目标状态信息融合和目标特性融合两大类。其中，前者的特点是先进行数据配准，以实现对状态和参数的相关估计，更加适用于目标跟踪。后者是借用传统模式识别技术，在特征预处理的前提下进行分类组合。

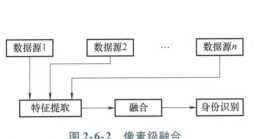

图 2-6-2　像素级融合　　　　　图 2-6-3　特征级融合

3）决策级融合。决策级融合的特点是高层次融合，需要处理不同类型的传感器对同一观测目标的原始数据，并完成特征提取、分类判别，生成初步结论，然后根据决策对象的具体需求，进行相关处理和高级决策，获得简明的综合推断结果，如图 2-6-4 所示。决策级融合具有实时性好、容错性高的优点，面对一个或者部分传感器失效时，仍能给出合理决策。

智能网联汽车上用于环境感知的传感器各有优劣，难以互相替代，未来要实现自动驾驶，是一定需要多种（个）传感器相互配合共同构成汽车感知系统的。

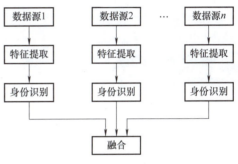

图 2-6-4　决策级融合

三、多传感器融合技术的应用

智能网联汽车所需的传感器中，摄像头和激光雷达有很强的互补性。激光雷达获取的深度数据精度高，不容易受外界环境、光照情况影响。摄像头采集的图像分辨率高，更擅长辨别色彩。因此，很多智能网联汽车采用了"激光雷达+摄像头"的融合方案，比如 Waymo 即采用了多个低线束激光雷达融合摄像头的技术方案，如图 2-6-5 所示。

图 2-6-5　Waymo 智能车

此外，很多企业也提出了基于"激光雷达＋摄像头＋毫米波雷达"的融合方案。图 2-6-6 所示为 Roadstar.ai 提出的传感器融合方案。在这个机顶盒上包含了五个低线束激光雷达、六个摄像头、三个毫米波雷达和一套 GPS&IMU 系统。所有的传感器都会在这个机顶盒中做处理，包含异构多传感器同步技术。处理好的数据会通过一根线输入控制 ECU 中，ECU 接入这个数据后进行检测、决策和定位算法，最终会通过控制单元来控制车辆。

图 2-6-6　Roadstar.ai 提出的传感器融合方案

1. 多传感器融合的基本原理类似于人类大脑对环境信息的综合处理过程。人类对外界环境的感知是通过将眼睛、耳朵、鼻子和四肢等感官（各种传感器）所探测的信息传输至大脑（信息融合中心），并与先验知识（数据库）进行综合，以便对其周围的环境和正在发生的事件做出快速准确的评估。

2. 根据多传感器信息融合技术抽象程度的不同，多传感器融合可以划分为像素级融合、特征级融合和决策级融合三个层次。

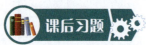

一、不定项选择题

1. 智能网联汽车环境感知系统主要包含（　　）模块。
   A. 信息采集单元　　　　　　　　B. 信息处理单元
   C. 信息传输单元　　　　　　　　D. 路径规划单元
2. 激光雷达通过向目标物体发射（　　），然后根据接收-反射的时间间隔确定目标物体的实际距离。
   A. 电磁波　　　B. 激光　　　C. 微波　　　D. 超声波
3. 激光雷达主要应用场景包括（　　）。
   A. 障碍物分类　　B. 障碍物跟踪　　C. 红绿灯识别　　D. 高精度定位
4. 调频式连续毫米波雷达是利用（　　）进行障碍物的探测。
   A. 多普勒效应　　B. 压电效应　　C. 压阻效应　　D. 光敏效应
5. 超声波雷达在智能网联汽车上主要用于（　　）的距离测量。
   A. 短程　　　B. 低速　　　C. 远程　　　D. 高速
6. 全景泊车系统中多采用（　　）视觉传感器。
   A. 单目　　　B. 双目　　　C. 三目　　　D. 环视

二、填空题

1. 智能网联汽车环境感知对象主要包括_____、_____、_____和驾驶环境。
2. 智能网联汽车环境感知系统中的信息采集单元包括_____、_____、_____、_____、车载自组网络和_____装置等。
3. 环境感知系统常用的传感器包括_____、_____、_____、_____和红外线传感器等。
4. 车载激光雷达根据其扫描方式的不同，可分为_____和_____。
5. 根据线数的多少，激光雷达分为_____与_____。

6. 激光雷达采集到的物体信息呈现出一系列分散的、具有准确角度和距离信息的点，被称为_____。

7. 目前应用在智能网联汽车领域的毫米波雷达主要有_____、_____和_____三个频段。

8. 根据镜头和布置方式的不同，视觉传感器主要包括_____视觉传感器、_____视觉传感器、_____视觉传感器和_____视觉传感器。

9. 典型的视觉传感器系统包括_____、_____、_____、_____、监视器、通信/输入输出单元等。

10. _____是利用近红外光作为光源照明目标，用低照度摄像机或微光摄像机接收目标反射的红外光，转换成视频信号在监视器荧光屏上同步显示图像。

11. 根据多传感器信息融合技术抽象程度的不同，可以将其划分为_____、_____和_____三个层次。

三、思考题

1. 简述智能网联汽车环境感知系统的作用。
2. 以飞行时间（TOF）测距法为例简述激光雷达的测距原理。
3. 简述毫米波雷达的性能特点。
4. 简述视觉传感器在智能网联汽车上的主要应用。

项目三　智能网联汽车决策规划

任务一　决策规划整体认知

学习目标

1. 掌握决策规划的概念
2. 掌握决策规划的分类和要求
3. 了解路径规划的一般步骤

理论知识

一、决策规划的概念

决策规划是智能网联汽车自动驾驶的关键部分之一，它首先融合多传感器信息，对周围可能存在障碍物的目标状态进行预测，然后根据驾驶需求进行行为决策，规划出两点间多条可选安全路径，并在这些路径中规划选取一条最优的路径作为车辆行驶轨迹，决策规划的基本效果如图 3-1-1 所示。

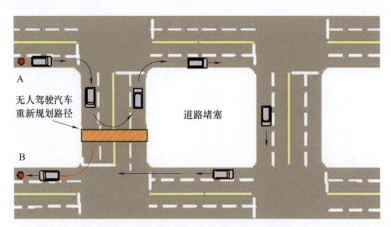

图 3-1-1　自动驾驶决策规划效果图

和人类驾驶人一样，机器在做驾驶决定时需要回答几个问题。我在哪儿？周围的环境怎么样？接下来会发生什么？我该做什么？这是一个基于信息感知进行决策的过程，具体如何决定需要自动驾驶的决策层完成。决策层包括环境认知和决策规划两部分，主要完成工作具体来说可分为两个步骤：第一步认知理解，即依据感知层不同传感器采集的信息，通过高精度地图对智能网联汽车自身的位置精确定位，同时对车辆周围的环境信息和目标状态进行精确感知；第二步决策规划包含目标状态预测、行为决策和路径规划，依据对智能网联汽车周围的目标状态精确感知，准确预测未来可能发生的情况，对下一步行为进行正确判断和决策，规划并选择适宜的路径达到目标，如图 3-1-2 所示。

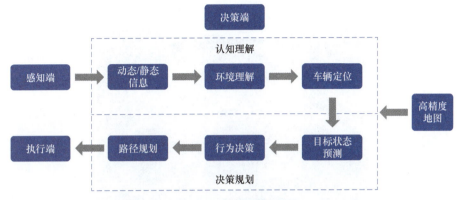

图 3-1-2　决策层实施步骤

二、决策规划的分类

从轨迹决策的角度考虑，根据事先对环境信息的已知程度，可把路径规划划分为基于先验完全信息的全局路径规划和基于传感器信息的局部路径规划。

（1）全局路径规划　全局路径规划是全局环境已知，按照一定的算法搜寻一条最优或者近似最优的无碰撞路径。例如，从上海到北京有很多条路，规划出一条最优行驶路线，即全局规划，如图 3-1-3 所示。

图 3-1-3　全局路径规划

（2）局部路径规划　局部路径规划是对环境局部未知或完全未知，随着自主车辆的运动，通过传感器为自主车辆提供有用的信息，从而能够确定出障碍物和目标点的位置，进而规划出一条由起始点到目标点的路径，如图 3-1-4 所示。例如，在全局规划好的上海到北京的那条路线上会有其他车辆或者障碍物，想要避过这些障碍物或者车辆，需要转向调整车道，这就是局部路径规划。

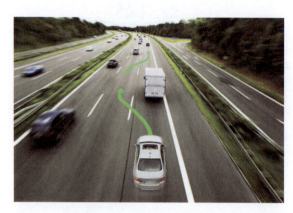

图 3-1-4　局部路径规划

从获取障碍物信息是静态或是动态的角度看，全局路径规划属于静态规划（又称为离线规划），局部路径规划属于动态规划（又称为在线规划）。全局路径规划需要掌握所有的环境信息，是高精度地图下的车道级寻径问题，解决的是起点到终点的最佳道路行驶序列；局部路径规划只需要由传感器实时采集环境信息，了解环境地图信息，然后确定出所在地图的位置及其局部的障碍物分布情况，从而可以选出从当前节点到某一子目标节点的最优路径。

根据所研究环境的信息特点，路径规划还可分为离散域范围内的路径规划问题和连续域范围内的路径规划问题。离散域范围内的路径规划问题属于一维静态优化问题，相当于环境信息简化后的路线优化问题；而连续域范围内的路径规划问题是连续性多维动态环境下的问题。

三、决策规划的要求

决策规划是自动驾驶进行行为决策和路径规划过程，该过程要完全符合人类对于驾驶性的预期，并且满足安全、舒适、高效等性能和品质的要求。具体表现在以下几个方面：

1）车辆应该在自动避开所有障碍物的前提下，到达指定的目的地。
2）车辆安全到达目的地所用的时间最短，路程最短。
3）采用的路径简单可靠，以便简单实现对无人车的控制。
4）车辆行驶的路径尽量不重复或者少重复。
5）车辆选用合适的行驶策略，减少车辆的能量消耗。

1. 决策规划是智能网联汽车自动驾驶的关键部分之一，它首先融合多传感器信息，对周围可能存在障碍物的目标状态进行预测，然后根据驾驶需求进行行为决策，规划出两点间多条可选安全路径，并在这些路径中规划选取一条最优的路径作为车辆行驶轨迹。

2. 从轨迹决策的角度考虑，根据事先对环境信息的已知程度，可把路径规划划分为基于先验完全信息的全局路径规划和基于传感器信息的局部路径规划。

3. 决策规划要完全符合人类对于驾驶性的预期，并且满足安全、舒适、高效等性能和品质的要求。

任务二 决策规划方法认知

学习目标
1. 了解目标状态预测的常用方法
2. 了解行为决策的常用方法
3. 了解路径规划的常用算法和一般步骤

理论知识

一、目标状态预测

目标状态预测是对智能网联汽车周边的目标（人、车、物等）进行未来比较短时间内的行为和轨迹预测，该预测信息可附加在目标感知结果中，与环境感知信息一并发送给下层的决策端，为汽车安全决策规划提供信息依据。目标状态预测主要解决两大类问题：一是目标的行为预测（包括静止、左行、右行或直行等），二是目标的轨迹预测（包含位置、时间戳、速度、角度、加速度等信息）。通过辨识目标的行为和拟合运动轨迹，实现对目标的状态预测。

当前主流的目标状态预测方法主要包括以下三种：

（1）基于运动模型的卡尔曼滤波方法　基于卡尔曼滤波的目标状态预测算法，考虑了目标运动状态的不确定性变化，在恒速模型中实现了目标的运动轨迹预测。这种预测方法的优点在于计算速度快，但预测的前提是假设目标的速度与行驶方向不变，这与实际的情况并不相符，所以实际应用效果并不理想。

（2）基于马尔可夫链的预测方法　马尔可夫链是指一个满足马尔可夫性质的随机过程，马尔可夫性质是指 $t+k$ 时刻的状态与 t 时刻的状态有关，而与 t 时刻以前的状态无关。该方法实现了对目标状态的高效预测。

（3）基于数据的神经网络方法　神经网络方法主要基于对大数据的收集和分析，根据道路采集的环境信息和跟踪目标的运动信息，预测周围人、车以及物的运动位置。与人的大脑类似，神经网络具有很强的自学性和记忆性，对于复杂的非线性系统具有很强的函数逼近能力，其特性正好可以解决目标状态预测上传统方法所不能解决的问题。

二、行为决策

智能网联汽车行为决策系统指通过传感器感知得到交通环境信息，考虑周边环境、动/静态障碍物、车辆汇入以及让行规则等，与智能驾驶库中的经验知识等进行匹配，进而选择适合当前交通环境下的驾驶策略。这种驾驶策略一般指的是在某个特定状态下，是变道、跟随还是超车等宏观意义上的驾驶行为。

行为决策的目标主要是保证智能网联汽车可以像人类一样产生安全的驾驶行为，满足车辆安全性能、遵守交通法规等原则。智能网联汽车的行为决策方法包括基于规则的行为决策方法和基于强化学习的行为决策方法。

（1）基于规则的行为决策方法　智能网联汽车基于规则的行为决策方法是最常用的。如图 3-2-1 所示，该方法主要是将无人车的运动行为进行划分，根据当前任务路线、交通环境、交通法规以及驾驶规则知识库等建立行为规则库，对不同的环境状态进行行为决策逻辑推理，输出驾驶行为，同时接收并根据运动规划层对当前行为执行情况的反馈情况，进行实时动态调整。

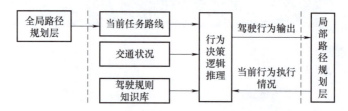

图 3-2-1　基于规则的行为决策方法架构

有限状态机是一种离散的数学模型，用来研究有限个状态以及状态之间的转移，其主要包括有限状态集合、输入集合和状态转移规则集合三部分。状态、转移、事件和动作是有限状态机的四大要素。

以基于规则的超车行为决策为例，主要分为顶层状态机和超车顶层状态下的子状态机，如图 3-2-2 所示。

在超车顶层状态机下设置了超车子状态机，对超车过程中不同驾驶阶段下的转换进行逻辑建模。超车行为决策与人类驾驶行为类似，在超车子状态机下分别包括左换道准备、左换道和并行超越等。左换道准备为超车子状态机的默认初始状态，在左右换向状态下，智能网

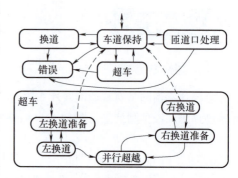

图 3-2-2　基于规则的超车行为决策

联汽车将开启相应的转向信号灯，产生一定的转向偏移，以此来提示后方车辆。同时，智能网联汽车会根据其左后或右后车辆是否避让的状态来决定是否进行下一步的超车计划。并行超越主要用于车辆进行超车的阶段，指导车辆在超车过程中的速度变化、转向盘角度变化等，并指导车辆在超车完成后及时返回原来的车道，减少在整个超车过程中的安全风险。

（2）基于强化学习的行为决策方法　基于强化学习算法的行为决策方法主要是利用各种学习算法来进行决策，利用智能网联汽车配备的各种传感器，来感知周边的环境信息，传递给强化学习决策系统，此时强化学习决策系统的作用就相当于人脑，来对各类信息进行分析和处理，并结合经验来对无人驾驶汽车做出行为决策。

基于强化学习的行为决策方法近年来发展迅速，主要有马尔可夫决策、神经网络学习算法等。这些行为决策方法可以通过大量的数据，更容易覆盖全部的工况以及不同的场景，如自动驾驶汽车公司 Waymo 就通过模拟驾驶及道路测试来获取了大量的数据，对其基于学习算法的行为决策系统进行训练，使得该系统对物体的检测性能得到了极大地提高，还可以对障碍物进行语义理解等。

三、路径规划

路径规划是智能网联汽车实现自主驾驶的基础，其作用是在当前工作环境中按照某种性能指标搜索出一条从起点到终点的最优或次优路径。严格意义上讲，路径规划是将行为决策的宏观指令解释成一条带有时间信息的轨迹曲线，包括轨迹规划和速度规划。

根据车辆导航系统的研究历程，智能网联汽车路径规划算法可分为静态路径规划算法和动态路径规划算法。静态路径规划是以物理地理信息和交通规则等条件为约束来寻求最短路径，静态路径规划算法已日趋成熟，相对比较简单，但对于实际的交通状况来说，其应用意义不大。动态路径规划是在静态路径规划的基础上，结合实时的交通信息对预先规划好的最优行车路线进行适时的调整直至到达目的地，最终得到最优路径。下面介绍几种常见的车辆路径规划方法：

（1）A*算法　A*算法是一种启发式搜索算法，是由 Hart、Nilsson、Raphael 等人率先提出的，算法通过引入估价损失函数，加快算法收敛速度，提高了局部搜索算法的搜索精度，进而得到广泛的应用，是当今较为流行的最短路径算法。同时，A*算法运算所消耗的存储空间较少。如图 3-2-3 所示，其会根据栅格地图上的障碍物信息（非白色栅格），建立从起点到目标点的路径评估函数表达式，并依据寻找最少的损失函数为依据，规划最短可行路径。

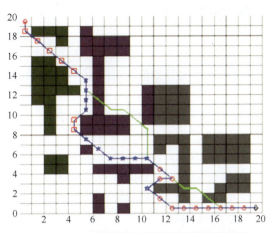

图 3-2-3　A*算法最短路径寻优栅格效果图

（2）Dijkstra 算法　Dijkstra（迪杰斯特拉）算法是经典的最短路径算法之一，由 E. W. Dijkstra 在 20 世纪 60 年代提出。如图 3-2-4 所示，该算法适用于计算道路权值均为非负的最短路径问题，能够给出栅格图中某一节点到其他所有节点的最短路径，以搜索准确、思路清晰见长。相对的，由于输入为大型稀疏矩阵限定性，又具有占用空间大、耗时长等缺陷。

此外，其他较常用的规划算法还包括 Floyd 算法、双向搜索算法、蚁群算法、基于分层路网的搜索算法、神经网络、实时启发式搜索算法、模糊控制以及遗传算法等，需要根据不同的实际需求设计和优化不同的规划算法。然而，大多数单一算法在应用于车辆路径规划问题时，都会存在一定的缺陷，所以当前的侧重点是利用多种算法融合各自优势来构造混合算法，取长补短；同时，基于以人工智能技术衍生而来的诸如包括深度学习、增强学习、贝叶斯网络、专家系统等在内的多种方法融合，也将会是下一步的主流方案之一。

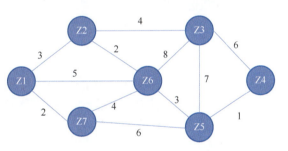

图 3-2-4　Dijkstra 权值计算策略示意图

四、路径规划的一般步骤

在目标状态预测之后，需要对智能网联汽车路径进行规划。路径规划的基本思路是：把需要解决的最短时间、最短距离、最少花费等问题转变成求解最短路径，因为只有找到了最短路径，以上问题都将得到解决。其一般步骤主要包括环境建模、路径搜索和路径平滑三个环节。

1）环境建模。环境建模是路径规划的重要环节，目的是建立一个便于计算机进行路径规划所使用的环境模型，即将实际的物理空间抽象成算法能够处理的抽象空间，实现相互间的映射。

2）路径搜索。路径搜索阶段是在环境模型的基础上，应用相应算法寻找一条行走路径，使预定的性能函数获得最优值。

3）路径平滑。通过相应算法搜索出的路径并不一定是一条运动体可以行走的可行路径，需要做进一步处理与平滑才能使其成为一条实际可行的路径。

对于离散域范围内的路径规划问题，或者在环境建模或路径搜索前已经做好路径可行性分析的问题，路径平滑环节可以省去。

学习小结

1. 目标状态预测，是对智能网联汽车周边的目标（人、车、物等）进行未来比较短时间内的行为和轨迹预测，该预测信息可附加在目标感知结果中，与环境感知信息一并发送给下层的决策端，为汽车安全决策规划提供信息依据。当前主流的目标状态预测方法包括运动模型的卡尔曼滤波法、基于马尔可夫链的预测法和基于数据的神经网络法。

2. 智能网联汽车行为决策系统指通过传感器感知得到交通环境信息，考虑周边环境、动/静态障碍物、车辆汇入以及让行规则等，与智能驾驶库中的经验知识等进行匹配，进而选择适合当前交通环境下的驾驶策略。智能网联汽车的行为决策方法包括基于规则的行为决策方法和基于强化学习的行为决策方法。具体包括有限状态机、马尔可夫决策和神经网络学习算法等。

3. 路径规划是智能网联汽车实现自主驾驶的基础，其作用是在当前工作环境中按照某种性能指标搜索出一条从起点到终点的最优或次优路径。严格意义上讲，路径规划是将行为决策的宏观指令解释成一条带有时间信息的轨迹曲线，包括轨迹规划和速度规划。常见的车辆路径规划方法包括 A*算法、Dijkstra 算法、Floyd 算法、双向搜索算法和蚁群算法等。

一、不定项选择题

1. 智能网联汽车决策规划主要包含（　　）。
A. 目标状态预测　　B. 行为决策　　　C. 路径规划　　　D. 控制执行

2. 从上海到北京有很多条路，智能网联汽车规划出一条最优行驶路线，属于（　　）。
A. 全局路径规划　　B. 局部路径规划　C. 静态规划　　　D. 动态规划

3. 当前主流的智能网联汽车目标状态预测方法主要包括（　　）。
A. 卡尔曼滤波法　　　　　　　　　　B. 马尔可夫链预测
C. 有限状态机　　　　　　　　　　　D. 神经网络

4. 常见的智能网联汽车路径规划方法主要包括（　　）。
A. A*算法　　　B. Dijkstra 算法　　C. 蚁群算法　　　D. Floyd 算法

二、填空题

1. 智能网联汽车决策层包括_____和_____两部分，主要完成工作具体来说可分为两个步骤：第一步_____，第二步_____。

2. 智能网联汽车从获取障碍物信息是静态或是动态的角度看，全局路径规划属于_____，局部路径规划属于_____。

3. 智能网联汽车目标状态预测主要解决两大类问题：一是_____，二是_____。

4. 智能网联汽车的行为决策方法包括_____的行为决策方法和_____的行为决策方法。

三、思考题

1. 简述智能网联汽车决策规划的概念。
2. 简述智能网联汽车决策规划的要求。
3. 简述智能网联汽车路径规划的一般步骤。

项目四 智能网联汽车控制执行

任务一 控制执行整体认知

学习目标

1. 掌握控制执行的概念
2. 掌握控制执行的类型
3. 了解控制执行的方法

理论知识

一、控制执行的概念

控制执行是整个自动驾驶系统的最后一环，是将环境感知、行为决策和路径规划的结论付诸实践的执行者。控制执行系统将来自决策系统的路径规划落实到汽车机构的动作上。控制过程的目标就是使车辆的位置、姿态、速度和加速度等重要参数符合最新决策结果。

二、控制执行的类型

智能网联汽车的控制执行是"人-车-路"组成的智能系统最终完成自动驾驶和协同驾驶的落地部分，主要包括车辆的纵向运动控制和横向运动控制。纵向运动控制（图4-1-1），即车辆的制动和驱动控制。横向运动控制（图4-1-2），即通过轮胎力的控制以及转向盘角度的调整，实现自动驾驶汽车的规划路径跟踪，这两种控制方式是单车自动驾驶所具备的。

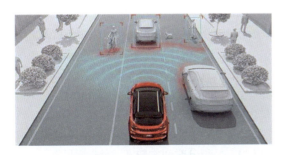

图4-1-1 纵向运动控制

图4-1-2 横向运动控制

控制执行需要借助复杂的汽车动力学完成主控系统，主控系统由软件部分的智能车载操作系统与硬件部分的高性能车载集成计算平台组成。智能车载操作系统融合了内容服务商和运营服务商的数据,以及车内人机交互服务,能够为乘客提供周到的个性化服务,目前的主流操作系统包括 Windows、Linux、Android、QNX、YunOS(阿里云系统)等;高性能车载集成计算平台融合高精度地图、传感器、V2X 的感知信息进行认知和最终的决策计算,目前主流硬件处理器包括 FPGA、ASI、CGPU 等型号。最终,决策的计算信息汇入车辆总线控制系统,完成执行动作。

三、控制执行的方法

目前控制执行主流的控制算法主要有 PID 控制、模型预测控制和滑模控制等。

(1) PID 控制 PID 控制简称为比例、积分和微分控制。PID 控制器结构简单、容易实现且能达到较好的控制效果,因此广泛应用于控制领域。PID 控制由比例单元 P、积分单元 I 和微分单元 D 组成,其反馈控制原理如图 4-1-3 所示。首先对输入误差 e 进行比例、积分、微分运算,运算后的叠加结果 u 作为输出量用以控制被控对象,同时被控对象融合当时状态输出反馈信号 y,再次与期望值 r 进行比较,得到的误差 e 再次进行比例、积分、微分调节,如此循环进行,直到达到控制效果。

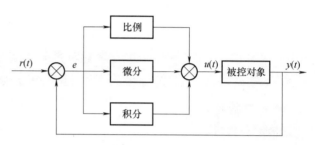

图 4-1-3 PID 控制原理图

PID 控制通过调节比例、积分、微分实现系统的性能优化,各调节参数的作用表现如下:

1) 比例调节。按比例反映系统的偏差,系统一旦出现了偏差,比例调节立即产生调节作用,用以减少偏差。比例参数大,可以加快调节,减少误差,但是过大的比例,使系统的稳定性下降,甚至造成系统的不稳定。

2) 积分调节。使系统消除稳态误差,提高无差度。只要存在误差,积分调节就起作用,直至消除误差,然后积分调节终止。积分作用的强弱取决于积分时间常数,该值越小,积分作用就越强,反之则越弱。但是,加入积分调节可使系统稳定性下降,动态响应变慢。积分调节常与另外两种调节规律结合,组成 PI 调节器或 PID 调节器。

3) 微分调节。能够产生超前的控制作用,在偏差还没有形成之前,可通过微分调节作用消除。因此,可减少超调量和调节时间,有效改善系统的动态性能。但是,微分调节对噪声干扰有放大作用,因此过强的微分调节,对系统抗干扰不利。此外,微分调节反映的是变化率,而当输入没有变化时,微分作用输出为零,所以微分作用不能单独使用,需要与另外两种调节规律相结合,组成 PD 或 PID 控制器。

PID 控制参数调节的一般步骤如下:

1) 确定比例增益 P。首先,去掉 PID 的积分项和微分项,一般是令 $T_i = 0$、$T_d = 0$,PID 为纯比例调节。输入设定为系统允许最大值的 60% ~ 70%,由 0 逐渐加大比例增益 P,直至系统出现振荡;然后,从此时的比例增益 P 逐渐减小,直至系统振荡消失,记录此时的比例增益 P,设定 PID 的比例增益 P 为当前值的 60% ~ 70%,比例增益 P 调试完成。

2) 确定积分时间常数 T_i。比例增益 P 确定后,设定一个较大的积分时间常数 T_i 的初值,然后逐渐减小 T_i,直至系统出现振荡;之后再反过来,逐渐加大 T_i,直至系统振荡消失。记录此时的 T_i,设定 PID 的积分时间常数 T_i 为当前值的 150% ~ 180%,积分时间常数 T_i 调试完成。

3) 确定微分时间常数 T_d。微分时间常数 T_d 一般不用设定,为 0 即可。若要设定,与确定 P 和 T_i 的方法相同,取不振荡时的 30%。

PID 控制是一个传统控制方法,它适用于温度、压力、流量和液位等几乎所有工程应用场景。

不同的应用场景，仅仅是 PID 参数应设置不同，只要参数设置得当均可以达到很好的效果，甚至更高的控制要求。

（2）模型预测控制　模型预测控制（Model Predictive Control，MPC）起源于工业界，用于解决 PID 控制不易解决的多变量、多约束的优化问题，具有处理线性和非线性模型，同时观察系统约束和考虑未来行为的能力，近年来广泛用于智能网联汽车路径跟踪控制。MPC 主要由模型预测、滚动优化和反馈调整三部分组成，基于 MPC 的控制器原理如图 4-1-4 所示。MPC 控制器结合预测模型、目标函数和约束条件进行最优求解，得到最优控制序列 $u^*(t)$，并将其输入被控平台，被控平台按照当前的控制量输出 $y(t)$ 对被控对象进行控制，然后将当前的状态量观测值 $x(t)$ 输入状态估计器，状态估计器对于无法通过传感器观测到或者观测成本过高的状态量进行估计，将估计的状态量 $x'(t)$ 输入 MPC 控制器，再次进行最优化求解，如此循环，构成闭环反馈控制系统。

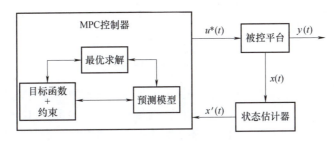

图 4-1-4　MPC 控制原理图

（3）滑模控制　滑模控制（Sliding Mode Control，SMC）本质是一类特殊的非线性变结构控制，其非线性表现为控制的不连续性，控制原理为根据系统所期望的动态特性来设计系统的切换超平面，通过滑动模态控制器使系统状态从超平面之外向切换超平面收束；系统一旦到达切换超平面，控制作用将保证系统沿切换超平面到达系统原点，这一沿切换超平面向原点滑动的过程称为滑模控制。

滑模控制对非线性系统以及未知干扰具有较强的鲁棒性，然而单一的滑模控制往往不能满足智能汽车控制的要求，因此，改进基于滑模变结构的运动控制方法成为当前的研究重点，主要方向有融合比例微分控制、自适应模糊控制以及神经网络控制的控制方法。

学习小结

智能网联汽车控制执行是整个自动驾驶系统的最后一环，是将环境感知、行为决策和路径规划的结论付诸实践的执行者，是"人-车-路"组成的智能系统最终完成自动驾驶和协同驾驶的落地部分，主要包括车辆的纵向控制和横向控制。目前控制执行主流的控制算法主要有 PID 控制、模型预测控制和滑模控制等。

任务二　纵向运动控制认知

学习目标

1. 掌握纵向运动控制的基本原理
2. 了解纵向运动控制的类型
3. 掌握纵向运动控制的实现方式

一、纵向运动控制的概述

纵向运动控制是指通过对节气门和制动的协调,实现对期望车速的精准跟随。采用节气门和制动综合控制方法实现对预定速度的跟踪,其控制原理框图如图4-2-1所示。

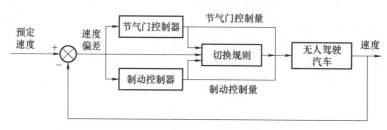

图 4-2-1　纵向控制系统控制框图

纵向运动控制的基本原理是根据预定速度和无人驾驶汽车实测速度的偏差,通过节气门控制器和制动控制器根据各自的算法分别得到节气门控制量和制动控制量。切换规则根据节气门控制量、速度控制量和速度偏差选择节气门控制还是制动控制。未选择的控制系统回到初始位置,如果按照切换规则选择了节气门控制,则制动控制执行机构将回到零初始位置。

二、纵向运动控制的类型

智能网联汽车纵向控制按照实现方式可分为直接式运动控制和分层式运动控制。

（1）直接式运动控制　直接式运动控制是通过纵向控制器直接控制期望制动压力和节气门开度,从而实现对汽车纵向速度的直接控制,该方法能够使汽车实际纵向速度迅速达到期望值,响应速度快,其具体结构如图4-2-2所示。

图 4-2-2　直接式运动控制的结构图

（2）分层式运动控制　分层式运动控制是根据控制目标的不同设计上位控制器和下位控制器,上位控制器是用来产生期望车速和期望加速度,下位控制器根据上位控制的期望值产生期望的节气门开度和制动压力,以实现对速度和制动的分层控制,如图4-2-3所示。

图 4-2-3　分层式运动控制的结构图

直接式运动控制考虑了系统的复杂性和非线性等特点,具有集成程度高、模型准确性强的特点。但是其开发难度较高,灵活性较差。分层式运动控制通过协调节气门和制动分层控制,开发相对易实现。但是由于分层式运动控制会忽略参数不确定性、模型误差以及外界干扰等的影响，建模的准确性会受到一定的影响。

三、纵向运动控制实现方式

纵向运动控制执行是车辆已知前方车辆的位置和速度等信息，结合自身当前运动状态对自身的纵向运动状态进行调整的控制策略、执行步骤以及相应的控制方法的总称。在控制层面分为上层控制和下层控制，上层控制就是在已知前方车辆的速度、加速度，前方车辆和本车的相对距离、本车的速度、加速度等信息的基础上判断本车所需要进入哪一种模式中。下层控制就是在上层决断进入某一种模式之后，采用相应的控制算法对自车的速度、加速度进行调整，使后车与前车保持相对安全的状态。车辆纵向运动控制的流程图如图4-2-4所示。

智能网联汽车纵向运动控制策略主要包括设定速度控制、车速控制和间距控制等。设定速度控制一般适用于车流密度较小的高速公路或封闭园区。而在一般城市道路环境下，由于外部环境变化复杂，突发情况较多，需要频繁改变车速，在这种情况下，需采用车速控制或间距控制策略。如图4-2-5所示，典型的智能网联汽车纵向运动控制逻辑如下：

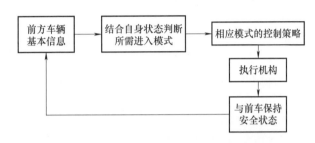

图4-2-4　车辆纵向运动控制的流程图

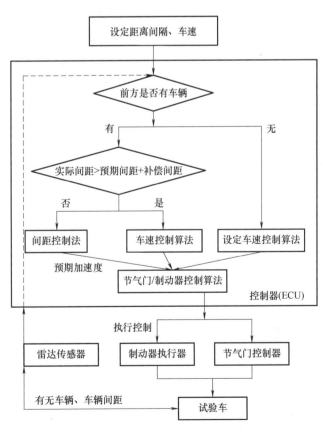

图4-2-5　典型智能网联汽车纵向运动控制逻辑

1）前方没有车辆，自动驾驶控制器（ECU）按照设定速度控制策略计算预期加速度对节气门/制动器进行控制。

2）当汽车探测到前方有车辆时，控制器（ECU）根据车辆间距判定转入车速控制策略或是间距控制策略计算预期加速度，如实际间距大于过渡间距（预期间距＋补偿间距），则采用车速控制策略；如实际间距小于过渡间距，则采用间距控制策略。节气门/制动器执行器的控制输入由节气门/制动器控制算法确定，从而达到车辆实际加速度与预期加速度尽可能接近的目的。

1. 纵向运动控制是指通过对节气门和制动的协调，实现对期望车速的精准跟踪。采用节气门和制动综合控制方法实现对预定速度的跟踪。其基本原理是根据预定速度和无人驾驶汽车实测速度的偏差，节气门控制器和制动控制器根据各自的算法分别得到节气门控制量和制动控制量。

2. 智能网联汽车纵向控制按照实现方式可分为直接式运动控制和分层式运动控制。

3. 纵向运动控制执行在控制层面分为上层控制和下层控制，上层控制就是在已知前方车辆的速度、加速度、前车和本车的相对距离、本车的速度、加速度等信息的基础上判断本车所需要进入哪一种模式中。下层控制就是在上层决断进入某一种模式之后，采用相应的控制算法对自车的速度、加速度进行调整，使后车与前车保持相对安全的状态。

任务三　横向运动控制认知

1. 掌握横向运动控制的基本原理
2. 了解横向运动控制的类型
3. 掌握横向运动控制的实现方式

一、横向运动控制的概述

横向运动控制指智能网联汽车通过车载传感器感知周围环境，结合全球定位系统（GPS）提取车辆相对于期望行驶路径的位置信息，并按照设定的控制逻辑控制车辆转向盘转角使其沿期望路径自主行驶，控制框图如图4-3-1所示。

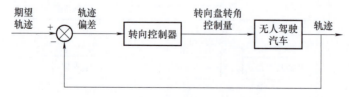

图4-3-1　横向运动控制系统控制框图

横向运动控制的基本原理是根据期望轨迹和实车轨迹的偏差，转向控制器根据算法得到转向盘转角控制量，最终实现车辆沿期望轨迹行驶。

二、横向运动控制的类型

根据环境感知传感系统的不同,智能汽车横向运动控制系统可分为非前瞻式参考系统和前瞻式参考系统。

(1)非前瞻式参考系统 通过计算车辆附近的期望道路与车辆之间的横向位置偏差来控制车辆实现道路跟踪,例如场区自动循迹物流车,利用安装在道路中间的电缆或磁道钉作为参考,实现横向运动控制,如图4-3-2所示。

(2)前瞻式参考系统 通过测量车辆前方的期望道路与车辆之间的横向位置偏差来控制车辆实现自动转向,类似于驾驶人的开车行为,常见的智能网联汽车,主要是基于雷达或机器视觉等参考系统,完成横向运动控制,如图4-3-3所示。

图 4-3-2 非前瞻式参考横向运动控制

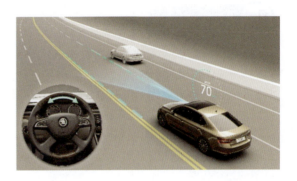

图 4-3-3 前瞻式参考横向运动控制

按照智能网联汽车横向运动控制的设计方法不同,可分为基于模型的系统控制方法和无模型的系统控制方法。

(1)基于模型的系统控制方法 基于模型的系统控制方法的基础是利用物理定律或系统辨识,建立车辆系统的数学模型。然后根据车辆当前状态和规划的期望行驶路径或运动参数(如速度、加速度、角度等)之间的偏差,求解出与其相对应的控制输入参数(如转向角),进而实现实时控制。该方法依赖于精确的数学模型,当所建模型与车辆的实际行驶特性存在差异时,往往难以获得令人满意的跟踪控制效果。

(2)无模型的系统控制方法 无模型的系统控制方法的基本思想是将车辆系统作为一个"黑匣子",只利用系统的输入输出信息设计控制器,其控制器结构不依赖于受控对象动力学特性的结构,适用于复杂的非线性系统。该方法不需要车辆动力学的精确模型,利用驾驶人操纵输入与车辆响应输出的直接关系设计控制器,进而实现车辆状态的跟踪控制。但是,基于该方法在控制稳定性和可优化性方面还需进一步提升。

三、横向运动控制实现方式

智能网联汽车的横向控制系统包括输入、处理、控制和输出四个部分。感知系统感知外部环境信息,利用相关的轨迹规划算法设计出合理的行驶路径,结合获取的车辆动力学参数等车身状态信息,得到当前车辆行驶状况,作为转向控制系统的输入;汽车轨迹跟踪横向控制器结合输入的预期轨迹和车辆本身的状态信息,计算得出相应转向盘转角控制量;主动转向执行控制系统接收上层横向控制器输出的转向盘转角控制信号,控制汽车做转向运动。通常智能网联汽车横向运动控制系统的基本结构图如图4-3-4所示。

横向运动控制通过设计相应的控制算法来实现智能网联汽车的自动转向功能,主要包括如何获得理想的自主转向的转向盘转角值以及执行所获得的转向盘转角命令控制汽车沿着预期轨迹行驶，实现汽车的自主转向功能。

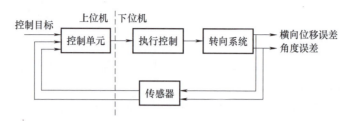

图 4-3-4 通常智能网联汽车横向运动控制系统的基本结构图

1. 横向运动控制指智能网联汽车通过车载传感器感知周围环境，结合全球定位系统（GPS）提取车辆相对于期望行驶路径的位置信息，并按照设定的控制逻辑使其沿期望路径自主行驶。横向运动控制的基本原理是根据期望轨迹和实车轨迹的偏差，转向控制器根据算法得到转向盘转角控制量，最终实现车辆沿期望轨迹行驶。

2. 智能网联汽车横向运动控制根据环境感知传感系统的不同，智能汽车横向运动控制可分为非前瞻式参考系统和前瞻式参考系统；按照智能车辆横向运动控制的设计方法不同，可分为基于模型的系统控制方法和无模型的系统控制方法。

3. 智能网联汽车的横向控制系统包括输入、处理、输出和控制四个部分。感知系统感知外部环境信息，利用相关的轨迹规划算法设计出合理的行驶路径，结合获取的车辆动力学参数等车身状态信息，得到当前车辆行驶状况，作为转向控制系统的输入；汽车轨迹跟踪横向控制器结合输入的预期轨迹和车辆本身的状态信息，计算得出相应转向盘转角控制量；主动转向执行控制系统接收上层横向控制器输出的转向盘转角控制信号，控制汽车做转向运动。

一、不定项选择题

1. 智能网联汽车控制执行的类型主要有（　　）。
   A. 纵向运动控制　　B. 横向运动控制　　C. 垂向运动控制
2. 智能网联汽车纵向运动控制的策略主要包括（　　）。
   A. 设定速度控制　　B. 车速控制　　C. 间距控制　　D. 位置控制
3. 智能网联汽车纵向控制按照实现方式可分为（　　）。
   A. 有参考控制　　　　　　　　B. 直接式运动控制
   C. 分层式运动控制　　　　　　D. 无参考控制

二、填空题

1. 智能网联汽车控制执行目前主流的控制算法主要有 PID 控制、_____、_____等，其中 PID 控制简称为_____、_____和_____控制。
2. 直接式运动控制是通过纵向控制器直接控制_____和_____，从而实现对汽车纵向速度的直接控制。
3. 智能网联汽车的横向控制系统包括_____、_____、_____和_____四个部分。

三、思考题
1. 简述智能网联汽车控制执行的概念。
2. 简述智能网联汽车纵向运动控制的概念和基本原理。
3. 简述智能网联汽车纵向运动控制实现方式。
4. 简述智能网联汽车横向运动控制的概念和基本原理。
5. 简述智能网联汽车横向运动控制实现方式。

项目五 智能网联汽车底盘线控技术

线控技术（X by Wire）是将驾驶人的操作动作经过传感器转变成电信号来实现传递控制，替代传统机械系统或者液压系统，并由电信号直接控制执行机构，以实现控制目的，基本原理如图5-1所示。该技术源于美国国家航空航天局（National Aeronautics and Space Administration，NASA）1972年推出的线控飞行技术（Fly by Wire）的飞机。其中，"X"就像数学方程中的未知数，代表汽车中传统上由机械或液压控制的各个部件及相关的操作。

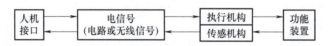

图 5-1 线控技术的基本原理图

由于线控系统取消了传统的气动、液压及机械连接，取而代之的是传感器、控制单元及电磁执行机构，所以具有安全、响应快、维护费用低、安装测试简单快捷的优点。智能网联线控技术主要包括线控转向技术、线控制动技术、线控驱动技术、线控换档技术和线控悬架技术等。

任务一　线控转向系统认知

1. 掌握线控转向系统的概念
2. 掌握线控转向系统的结构
3. 理解线控转向系统的工作原理

智能网联汽车
线控转向系统

一、线控转向系统的简介

线控转向系统（Steering By Wire，SBW）是智能网联汽车实现路径跟踪与避障避险必要的关键技术，为智能网联汽车实现自主转向提供了良好的硬件基础，其性能直接影响主动安全与驾乘体验。线控转向系统取消了传统的机械式转向装置，转向盘和转向轮之间无机械连接，可以减轻车体重量，消除路面冲击，具有减小噪声和隔振等优点。

针对线控转向系统的研究，国外起步相对较早。著名汽车公司和汽车零部件厂家，如美国Delphi公司、天合TRW公司、日本三菱公司、德国博世公司、ZF公司、宝马公司等都相继在研制各自的SBW系统。TRW公司最早提出用控制信号代替转向盘和转向轮之间的机械连接，但受制于电子控制技术，直到20世纪90年代，线控转向技术才有较大的进展。英菲尼迪的"Q50"成为第

1款应用线控转向技术的量产车型。2017年，耐世特（Nexteer）公司开发了由"静默转向盘系统"和"随需转向系统"组成的线控转向系统，该系统可随需转向，在自动驾驶时转向盘可以保持静止，并可收缩至组合仪表上，从而提供更大的车内空间。

国内企业对线控汽车的研究起步相对较晚，与国外差距较大，各高校对线控系统的研究主要以理论为主。2004年，同济大学在上海国际工业博览会上展示了配备线控转向系统的四轮独立驱动微型电动车"春晖三号"，如图5-1-1所示。

图 5-1-1　线控转向电动车春晖三号

二、线控转向系统的结构

线控转向系统主要由转向盘模块、转向执行模块和ECU三个主要部分以及自动防故障系统、电源系统等辅助模块组成，如图5-1-2所示。

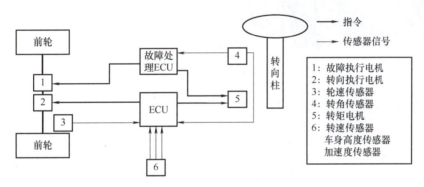

图 5-1-2　线控转向系统的结构图

转向盘模块包括转向盘、转向盘转角传感器和转矩电机。其主要功能是将驾驶人的转向意图，通过测量转向盘转角转换成数字信号并传递给主控制器；同时接收ECU送来的力矩信号产生转向盘回正力矩，向驾驶人提供相应的路感信号。

转向执行模块包括转角传感器、转向执行电机、转向电机控制器和前轮转向组件等，其主要功能是接收ECU的命令，控制转向电机实现要求的前轮转角，完成驾驶人的转向意图。

ECU对采集的信号进行分析处理，判别汽车的运动状态，向转矩电机和转向执行电机发送命令，控制两个电机的工作，其中转向执行电机完成车辆航向角的控制，转矩电机模拟产生转向盘回正力矩，以保障驾驶人的驾驶感受。

自动防故障系统是保证在线控转向系统故障时，提供冗余式安全保障。它包括一系列监控和实施算法，针对不同的故障形式和等级做出相应处理，以求最大限度地保持汽车的正常行驶。当检测到ECU、转向执行电机等关键零部件产生故障时，故障处理ECU自动工作，首先发出指令使ECU和转向执行电机完全失效，其次紧急启动故障执行电机，以保障车辆航向的安全控制。

电源系统承担控制器、执行电机以及其他车用电机的供电任务，用以保证电网在大负荷下稳定工作。

（1）英菲尼迪Q50线控转向系统　通过传统的转向管柱将转向盘与转向执行机构连接在一

起,基本形态与普通燃油车无异,但在转向管柱与转向执行机构之间由电控多片离合器相连,如图 5-1-3 所示。

在正常行驶过程中,多片离合器为断开状态,虽然转向管柱仍然存在,但并不对前轮直接起作用。只有当线控转向机构发生故障的紧急情况下,多片离合器自动接通,转向盘、转向柱与转向机构(齿轮齿条机构)的刚性连接实现转向操作,保证驾驶安全。

(2)博世公司线控转向系统　博世公司线控转向系统与英菲尼迪 Q50 的线控转向系统有很大的区别,博世公司开发的线控转向系统完全取消了转向柱,由上转向执行器 SWA 构成的上转向系统和全冗余式下转向执行器 SRA 构成的下转向系统组成,而且上转向系统和下转向系统之间没有刚性连接,如图 5-1-4 所示。

图 5-1-3　英菲尼迪 Q50 线控转向系统

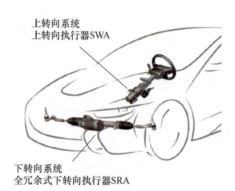

图 5-1-4　博世公司线控转向系统

三、线控转向系统的工作原理

如图 5-1-5 所示,线控转向系统的工作原理是:当转向盘转动时,转向盘转矩传感器和转向角传感器将测量到的驾驶人转矩和转向盘的转角转变成电信号输入 ECU,ECU 依据车速传感器和安装在转向传动机构上的角位移传感器的信号来控制转矩反馈电动机的旋转方向,并根据转向力模拟生成反馈转矩,同时控制转向电动机的旋转方向、转矩大小和旋转角度,通过机械转向装置控制转向轮的转向位置,使汽车沿着驾驶人期望的轨迹行驶。

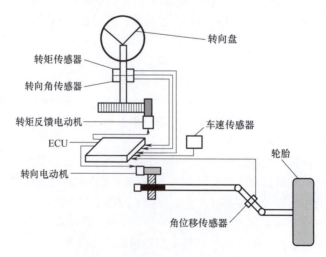

图 5-1-5　线控转向系统的工作原理图

项目五　智能网联汽车底盘线控技术

1. 线控转向系统取消了部分传统的机械式转向装置，转向盘和转向轮之间无机械连接，可以减轻车体重量，消除路面冲击，具有减小噪声和隔振等优点。
2. 线控转向系统主要由转向盘模块、转向执行模块和 ECU 三个主要部分以及自动防故障系统、电源等辅助模块组成。

任务二　线控驱动系统认知

1. 掌握线控驱动系统的概念
2. 掌握线控驱动系统的结构以及工作原理
3. 了解线控驱动系统的分类

智能网联汽车
线控制动系统

一、线控驱动系统的简介

线控驱动系统（Drive By Wire，DBW）是智能网联汽车实现的必要关键技术，为智能网联汽车实现自主行驶提供了良好的硬件基础，也称为线控节气门或者电控节气门（Throttle By Wire）。

发动机通过线束代替拉索或者拉杆，在节气门侧安装驱动电动机带动节气门改变开度，根据汽车的各种行驶信息，精确调节进入气缸的油气混合物，改善发动机的燃烧状况，大大提高汽车的动力性和经济性。而且，线控驱动系统可以使汽车更为便捷地实现定速巡航和自适应巡航等功能。

二、线控驱动系统的结构

线控驱动系统主要由加速踏板、加速踏板位置传感器、ECU、数据总线、伺服电动机和加速踏板执行机构组成。该系统取消了加速踏板和节气门之间的机械结构，通过加速踏板位置传感器检测加速踏板的绝对位移。ECU 计算得到最佳的节气门开度后，输出指令驱动电机控制节气门保持最佳开度，如图 5-2-1 所示。

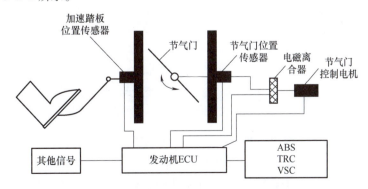

图 5-2-1　线控驱动系统的结构示意图

三、线控驱动系统的分类

目前,与智能网联汽车的两种主要类型相匹配,线控驱动系统分为传统汽车线控驱动系统和电动汽车线控驱动系统两种类型。

(1)传统汽车线控驱动系统 对于传统汽车而言,加速踏板的自动控制是实现线控驱动的关键,如图 5-2-2 所示,主要有以下两种方式:

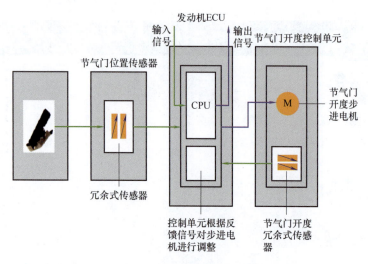

图 5-2-2 传统汽车线控驱动系统的控制原理图

方式一:在加速踏板的位置增加一套执行机构,模拟驾驶人踩加速踏板。同时还要增加一套闭环负反馈控制系统,输入的是目标车速信号,实际车速作为反馈。通过控制系统的计算,控制执行机构具体动作(图5-2-3)。

方式二:接收节气门控制单元加速踏板的位置信号,只需要增加一套控制系统,输入目标车速信号,把实际的车速作为反馈,最后控制系统计算输出加速踏板位置信号给节气门控制单元。

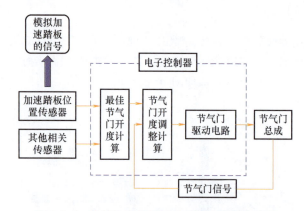

图 5-2-3 传统汽车线控驱动系统的控制方式图

(2)电动汽车线控驱动系统 如图 5-2-4 所示,由于电动汽车整车控制单元(VCU)的主要功能是通过接收车速信号、加速度信号以及加速踏板位移信号,实现转矩需求的计算,然后发送转矩指令给电机控制单元,进行电机转矩的控制,所以通过 VCU 的速度控制接口来实现线控驱动控制。

项目五　智能网联汽车底盘线控技术

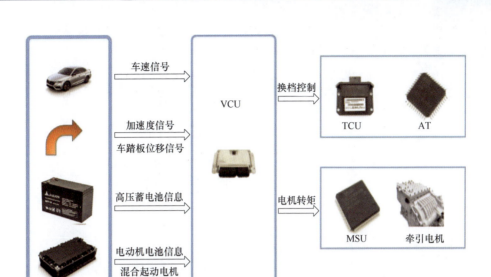

图 5-2-4　电动汽车线控驱动系统的控制原理图

学习小结

1. 线控驱动系统是智能网联汽车实现的必要关键技术，为智能网联汽车实现自主行驶提供了良好的硬件基础，也称为线控节气门或者电控节气门。

2. 线控驱动系统主要由加速踏板、加速踏板位置传感器、ECU、数据总线、伺服电动机和加速踏板执行机构组成。

3. 根据汽车类型的不同，线控驱动系统分为传统汽车线控驱动系统和电动汽车线控驱动系统两种类型。

任务三　线控制动系统认知

 学习目标

1. 掌握线控制动系统的概念及优点
2. 掌握线控制动系统的结构以及分类
3. 理解线控制动系统的工作原理

 理论知识

一、线控制动系统的简介

线控制动系统（Brake By Wire，BBW）是智能网联汽车"控制执行层"的必要关键技术，为智能网联汽车实现自主停车提供了良好的硬件基础，是实现高级自动驾驶的关键部件之一。它是将原有的制动踏板机械信号通过改装转变为电控信号，通过加速踏板位置传感器接收驾驶人的制

动意图,产生制动电控信号并传递给控制系统和执行机构,并根据一定的算法模拟踩踏感觉反馈给驾驶人。传统制动系统与线控制动系统的区别如图 5-3-1 所示。

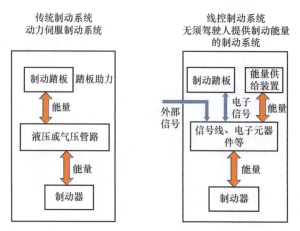

图 5-3-1　传统制动系统与线控制动系统的区别

线控制动技术在 F1 赛车上的应用已经非常成熟,但因其成本及技术问题,并未在乘用车上普及。早期的宝马 M3,曾经采用过线控制动系统这种制动方式。

由于线控制动通过 ECU 实现系统控制,ECU 的可靠性、抗干扰性、容错性以及多控制系统之间通信的实时性,都有可能对制动控制产生影响,制约了线控制动系统的应用与推广。

二、线控制动系统的分类、组成及原理

根据工作原理的不同,线控制动控制技术分为电子液压制动系统和电子机械制动系统两种。

(1) 电子液压制动系统　电子液压制动系统 (Electronic Hydraulic Brake, EHB) 是从传统的液压制动系统发展来的。但与传统制动方式的不同点在于,EHB 以电子元件替代了原有的部分机械元件,将电子系统和液压系统相结合,是一个先进的机电液一体化系统,其控制单元及执行机构布置集中。因为使用制动液作为制动力传递的媒介,也称为集中式、湿式制动系统。

EHB 主要由电子踏板、ECU 和液压执行机构等部分组成。电子踏板是由制动踏板和加速踏板位置传感器(踏板位移传感器)组成的。加速踏板位置传感器用于检测踏板行程,然后将位移信号转化成电信号传给 ECU,实现踏板行程和制动力按比例进行调控,如图 5-3-2 所示。

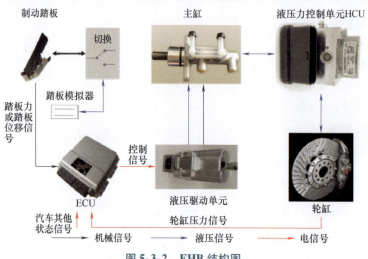

图 5-3-2　EHB 结构图

当正常工作时，制动踏板与制动器之间的液压连接断开，备用阀处于关闭状态。ECU 通过传感器信号判断驾驶人的制动意图，并通过电机驱动液压泵进行制动。当电子系统发生故障时，备用阀打开，EHB 变成传统的液压系统。制动踏板输入信号后驱动制动主缸中的制动液通过备用阀流入连接各个车轮制动器的制动轮缸，进入常规的液压系统制动模式，保证车辆制动的必要安全保障。

EHB 能通过软件集成如 ABS（防抱死制动系统）、ESP（车身电子稳定系统）、TCS（牵引力控制系统）等功能模块，可以进一步提高行车的安全性及舒适性。当制动器涉水后，EHB 可以通过适当的制动动作，恢复制动器的干燥，保持制动器的工作性能。与传统的液压或气压制动系统相比，EHB 增加了制动系统的安全性，使车辆在线控制动系统失效时还可以进行制动。但是备用系统中仍然包含复杂的制动液传输管路，使 EHB 并不完全具备线控制动系统的优点。

（2）电子机械制动系统　电子机械制动系统（Electronic Mechanical Brake，EMB）基于一种全新的设计理念，完全摒弃了传统制动系统的制动液及液压管路等部件，由电机驱动产生制动力，每个车轮上安装一个可以独立工作的电子机械制动器，也称为分布式、干式制动系统。

EMB 主要由电子机械制动器、ECU 和传感器等组成，如图 5-3-3 所示。EMB 结构极为简单紧凑，制动系统的布置、装配和维修都非常方便，同时由于减少了一些制动零部件，大大减轻了系统的重量，更为显著的优点是随着制动液的取消，使汽车底盘使用、工作及维修环境得到很大程度的改善。

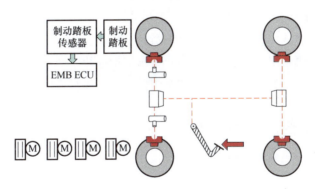

图 5-3-3　EMB 的结构图

EMB 工作时，制动控制单元（ECU）接收制动踏板传来的踏板行程信号，ECU 计算出踩制动踏板的速度信号并结合车辆速度、加速度等其他电信号，明确汽车行驶状态，分析各个车轮上的制动需求，计算出各个车轮的最佳制动力矩大小后输出对应的控制信号，分别控制各车轮上电子机械制动器中工作电机的电流大小和转角，通过电子机械制动器中的减速增矩以及运动方向转换，将电机的转动转换为制动钳块的夹紧，产生足够的制动摩擦力矩。

EMB 的关键部件之一是电子机械制动器，它通过 ECU 改变输出电流的大小和方向实现执行电机的力矩和运动方向的改变，将电机轴的旋转变换为制动钳块的开合，通过相应的机构或控制算法补偿由于摩擦片的磨损造成的制动间隙变化。电子机械制动器按其结构特点和工作原理可以分为无自增力制动器和自增力制动器两大类。

1）无自增力制动器（图 5-3-4）：电动机通过减速增矩的机械执行机构产生夹紧力作用到制动盘上，制动力矩与制动盘和摩擦片之间的压力、摩擦系数成线性正相关，控制驱动电机轴转角大小，即可实现对于制动转矩的控制，控制系统相对简单，制动器的工作性能稳定，但对于电机的功率要求较高，因而尺寸较大。

2）自增力制动器（图5-3-5）：在制动盘与制动钳块之间增加一个楔块，制动工作时，制动盘的摩擦力使楔块进一步楔入制动盘和制动钳块，增大夹紧力，从而产生自增力效果，产生更强的制动效能。该系统电机的功率较小，装置的体积和质量也较小，但是其制动效能取决于楔块的工作状况，因此对楔块的工艺及精度要求很高，不易加工，且其制动稳定性相对较差，难于控制。

图5-3-4　无自增力制动器的结构图

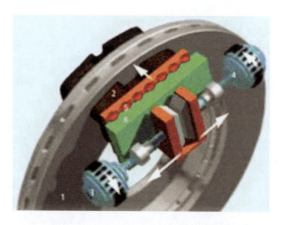

图5-3-5　自增力制动器的结构图

与EHB相比，EMB中没有液压驱动部分，系统的响应速度更高，工作稳定性和可靠性更好，但由于完全采取线控的方式，不存在备用的制动系统，因而对系统的工作可靠性和容错要求更高。另外，使用电信号控制电机驱动，使制动系统的响应时间缩短。同时，传感器信号的共享以及制动系统和其他模块功能的集成，便于对汽车的所有行驶工况进行全面的综合控制，提高了汽车的行驶安全性。

三、线控制动系统的特点

1）由于EHB以液压为制动能量源，液压的产生和电控化相对来说比较困难，不容易做到和其他电控系统的整合，而且液压系统的复杂性对系统轻量化不利。

2）EMB技术的安全优势极为突出，制动响应迅速，没有复杂的液压气压传递机构，直接从电信号转化为制动动作，可大幅提升响应速度，反应时间在100ms以内，大幅度缩短制动距离，进而提升安全性。

3）线控制动系统在ABS模式下无回弹振动，可以消除噪声。

4）线控制动系统便于集成电子驻车、防抱死、制动力分配等附加功能。

5）工作环境恶劣，特别是高速制动下的高温。制动片温度高达几百度，且振动高，制约现有EMB零部件的设计。

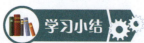

1. 线控制动系统将原有的制动踏板机械信号用加速踏板位置传感器电信号替代，用以接收驾驶人的制动意图，产生制动电信号并传递给控制系统和执行机构，根据一定的算法模拟踩踏感觉反馈给驾驶人。

2. 根据工作原理的不同，线控制动控制技术分为EHB和EMB两种。

3. EHB是从传统的液压制动系统发展来的，但与传统制动方式的控制有很大的不同，EHB以电子元件替代了原有的部分机械元件,将电子系统和液压系统相结合,是一个先进的机电液一体化系统,其控制单元及执行机构布置比较集中。由于使用制动液作为制动力传递的媒介,也称为集中式、湿式制动系统。

4. EMB 基于一种全新的设计理念,完全摒弃了传统制动系统的制动液及液压管路等部件,由电机驱动产生制动力,每个车轮上安装一个可以独立工作的电子机械制动器,也称为分布式、干式制动系统。

任务四　线控换档系统认知

学习目标

1. 掌握线控换档系统的概念
2. 掌握线控换档系统的组成
3. 理解线控换档系统的工作原理

理论知识

一、线控换档系统的简介

线控换档系统(Shift By Wire,SBW)是将现有的档位与变速器之间的机械连接结构完全取消,通过电动执行控制变速器动作执行的电子系统,线控换档系统取代了传统的档位操作模式,通过旋钮、按键等新式交互件电子控制车辆换档,为智能网联汽车实现速度控制提供良好的硬件基础,也称为电子换档。

线控换档取消了传统的换档操纵机构与变速器之间连接的拉索或推杆,变速杆和变速器之间无直接机械连接,可以简化系统的部分结构,便于设计变速杆的位置与操作界面(例如,安装在仪表板上),使换档操作更加轻便容易。

宝马汽车公司最早引入了线控换档系统与其 M DKG 七前速双离合器变速器相搭配,使驾驶人换档的动作变得简单、轻松,而且不会出现驻车档的卡滞问题,被广泛应用于宝马集团的全系列车型,其变速杆形式如图 5-4-1 所示。

图 5-4-1　宝马线控换档系统变速杆

二、线控换档系统的组成、工作原理

线控换档系统主要由换档操纵机构、换档 ECU、换档执行模块、驻车控制 ECU 和档位指示器等组成。

(1) 丰田混动车型线控换档系统　图 5-4-2 所示为丰田混动车型线控换档系统的结构图,其由变速杆、驻车开关、混合动力系统 HV ECU、驻车控制 ECU、驻车执行器和档位指示器组成。

人机交互通过变速杆和驻车开关实现。车辆正常行驶过程中涉及 R 位、N 位、D 位三个档位,驾驶人作用于变速杆的动作转换为执行电信号传递给混合动力系统 HV ECU,经过 HV ECU 计算后向变速器输出对应的档位信号,完成车辆行驶档位的变换,同时仪表盘上的档位指示器对应档位信号灯亮起。当驾驶人操控驻车开关时,混合动力系统 HV ECU 将采集到的执行电信号经计算传递给驻车控制 ECU,驻车控制 ECU 通过磁阻式传感器时刻采集驻车执行器电机转角信号,以判定车辆是否处于静止状态,若驻车执行器电机转角为 0,则执行驻车动作,仪表盘驻车指示灯亮起;反之,驻车控制 ECU 检测到电机转角信号不为 0,驻车指令会被驳回到混合动力系统 HV ECU 且无法完成车辆驻车动作。

执行逻辑如下:

变速杆→混动 ECU →驻车执行器(R 位、N 位、D 位三个档位)
　　　　→档位指示器

驻车开关→混动 ECU→驻车控制 ECU →驻车执行器(P 位)
　　　　→驻车 P 指示器

在该系统中,换档操作是一种瞬时状态,驾驶人能够轻松舒适地操纵换档。驾驶人松开变速杆后,变速杆立即返回初始位置。因此,当驾驶人操纵变速杆换到某个目标档位时,不需要考虑目前的档位状态,车辆工作过程中档位更换完成后,档位指示器会准确显示当前档位,使驾驶人意识到完全进行了换档操作。

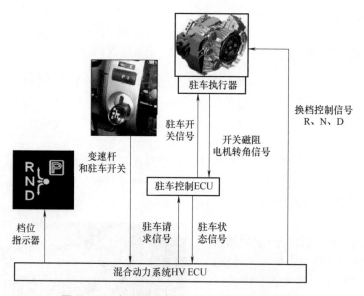

图 5-4-2　丰田混动车型线控换档系统的结构图

由于采用电控系统控制变速器的换档操作,由各个部件协同工作实现换档,可以有效地防止人为误操作,增强安全性。若换档 ECU 检测到不正确的操作时,会将档位控制在安全的范围内,并且向驾驶人发出警告。例如,只有当驾驶人踩下制动踏板时,才能从 P 位挂入其他的档位;当汽车正在向前行驶时,若驾驶人将变速杆挂入 R 位,换档 ECU 也会控制变速器置入空档;当汽车正在倒车时,若驾驶人将变速杆挂入 D 位,换档 ECU 也会控制变速器置入空档,只有当制动踏板完全踩下时才能顺利地从 R 位切换为 D 位;当换档 ECU 监测到变速杆不在 P 位时,将控制车辆不能切断电源。各个档位之间的操作关系见表 5-4-1。

(2)奥迪 Q7 线控换档系统　目前,奥迪 Q7 的线控换档系统由盖罩、变速杆、解锁键、P 位键、防尘罩、换档操纵机构盖板、换档范围显示、换档操纵机构和多组插接器组成,如图 5-4-3 和图 5-4-4 所示。

项目五　智能网联汽车底盘线控技术

表 5-4-1　丰田混动车型的线控换档操作关系表

电源模式	动作	P	R	N	D	B
OFF	-	不可操作				
ACC	变速杆	不可操作				
	按下停车开关	←		○		
IG-ON	变速杆	○		→		
	按下停车开关	←		○		
Ready	变速杆	○○○	○ ○	○ ○	○ ○ ○	→ → →
	按下停车开关	←	←	○	←	←

○：当前档位　　←：可以换档　　←：当踩下制动踏板，可以换档

图 5-4-3　奥迪 Q7 的线控换档系统

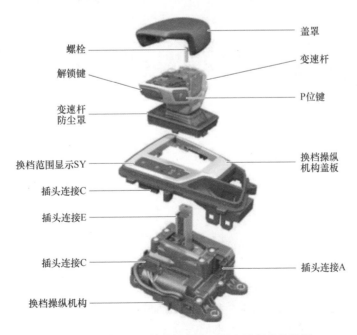

图 5-4-4　奥迪 Q7 的线控换档系统变速杆的结构图

奥迪 Q7 的线控换档系统与丰田混动车型线控换档系统不同，变速杆的底部包含档位位置锁止电磁阀和 Tiptronic 档位锁止电机，用于支持复杂的安全换档逻辑和用户体感交互，如图 5-4-5 所示。变速杆可分别向前和向后移动两个位置，当进入 D 位后，变速杆被底部的档位位置锁止电磁阀通过锁止杆锁定。此时，变速杆将只能向后移动在 D/S 位之间切换，而无法向前移动进入 N/R 位。

为了有效准确地识别变速杆的位置，线控换档系统内部配备了多组位置传感器，分别用于感知自动档位位置和 Tiptronic 档位位置以及变速杆横向锁位置，以便基于档位位置或换档逻辑做出具体的换档动作。

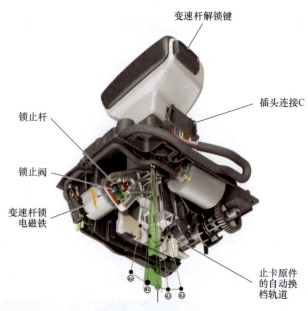

图 5-4-5 锁止机构图

1. 线控换档系统是一种完全取消传统换档系统的机械传动结构，仅通过电子控制即可实现车辆换档的系统，为智能网联汽车实现速度控制提供良好的硬件基础，也称为电子换档。

2. 线控换档系统主要由换档操纵机构、换档 ECU、换档执行模块、驻车控制 ECU 和档位指示器等组成。

3. 由于采用电控系统控制变速器的换档操作，由各个部件协同工作实现换档，可以有效地防止人为误操作。若 ECU 检测到不正确的操作时，会将档位控制在安全的范围内，并且向驾驶人发出警告。

任务五　线控悬架系统认知

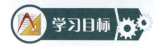

1. 掌握线控悬架系统的概念
2. 掌握线控悬架系统的结构
3. 理解线控悬架系统的工作原理

一、线控悬架系统的简介

线控悬架系统（Suspension By Wire）也称为主动悬架系统，是智能网联车辆的重要组成部分，可实现缓冲振动、保持平稳行驶的功能，直接影响车辆操控性能以及驾乘感受。

1980 年，BOSE 公司成功研发了一款电磁主动悬架系统。1984 年，电控空气悬架开始出现，林肯汽车成为第一个采用可调整线控空气悬架系统的汽车。目前，宝马汽车安装的"魔毯"悬架系统、凯迪拉克汽车安装的 MRC 主动电磁悬架系统,以及自适应空气悬架系统,均属于线控悬架系统的不同形式。奔驰新一代 S 级采用的 MAGIC BODY CONTROL 线控悬架系统可以根据前方路面状况,自动调节减振器的阻尼系数、车身高度等车辆参数,悬架刚度、阻尼等关键参数跟随汽车载荷和行驶速度而变化,如图 5-5-1 所示。

图 5-5-1　MAGIC BODY CONTROL 线控悬架系统

二、线控悬架系统的结构和工作原理

线控悬架系统主要由模式选择开关、传感器、ECU 和执行机构等部分组成,如图 5-5-2 所示。

传感器负责采集汽车的行驶路况(主要是颠簸情况)、车速以及起动、加速、转向、制动等工况转变为电信号,经简单处理后传输给线控悬架 ECU。其中,主要涉及车辆的加速度传感器、高度传感器、速度传感器和转角传感器等关键传感器。

空气弹簧根据 ECU 的控制信号,准确、快速、及时地做出反应动作,包括气缸内气体质量、气体压力及电磁阀设定气压等关键参量的改变,实现对车身弹簧刚度、减振器阻尼以及车身高度的调节。线控悬架系统执行机构主要由执行器、阻尼器、电磁阀、步进电动机和气泵电动机等组成。

图 5-5-2　典型线控悬架系统的工作原理示意图

如图 5-5-3 所示,线控悬架系统 ECU 可以实现减振器阻尼、空气弹簧刚度以及空气弹簧长度(车身高度)的控制等主要功能。

减振器阻尼和弹簧刚度的控制主要保证车身在多种工况下的稳定性和舒适性,具体工况包括防侧倾控制、防点头控制、防下蹲控制、高车速控制和不平整路面控制等,如图 5-5-4 所示。

车身高度的控制主要是控制车身在水平方向的高度,包括静止状态控制、行驶工况控制及自动水平控制等。静止状态控制是指车辆静止时,由于乘员和货物等因素引起车载载荷的变化,线控悬架系统会自动改变车身高度，以减少悬架系统的负荷，改善汽车的外观形象。

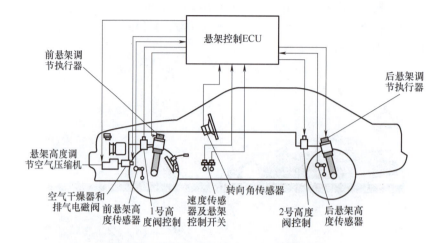

图 5-5-3　线控悬架系统 ECU 控制示意图

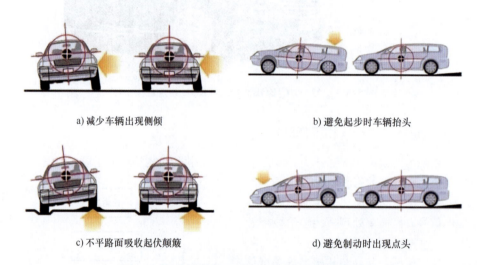

a）减少车辆出现侧倾　　　　　　　b）避免起步时车辆抬头

c）不平路面吸收起伏颠簸　　　　　d）避免制动时出现点头

图 5-5-4　典型线控悬架系统的工作原理示意图

行驶工况控制，将车辆静态载荷和动态载荷综合考虑，当汽车在高速行驶时，线控悬架系统主动降低车身高度，以改善行车的操纵稳定性和气动特性；当汽车行驶在起伏不平的路面时，主动升高车身，以避免车身与地面或悬架的磕碰，同时改变悬架系统的刚度，以适应驾驶舒适性的要求。

自动水平控制，在道路平坦开阔的行驶工况下，车身高度不受动态载荷和静态载荷的影响，保持基本恒定的姿态，以保证驾乘舒适性和前照灯光束方向不变，提高行车的安全性。

美国 BOSE 公司推出的动力-发电减振器（Power-Generating Shock Absorber，PGSA），完全由线性电动机电磁系统（Linear Motion Electromagnetic System，LMES）组成电磁减振器，每个车轮单独配置一套该系统，组成车身独立悬架系统，如图 5-5-5 所示。其工作原理为：每个车轮的调节控制信号通过 BOSE 功率放大器进行放大，以改变驱动电机的工作电流，从而驱动电磁式线性电机改变悬架的伸缩状态。该系统不但可以为电机提供电流，而且还可以在整车行驶工况下由电机发电产生电流为电动车电池充电，形成一套能量回收机制，非常有利于纯电力驱动的新能源汽车使用，可以增加蓄电池的电力，延长电动汽车的续驶里程。

三、线控悬架系统的特点

线控悬架系可以针对汽车不同的工况，控制执行器产生不同的弹簧刚度和减振器阻尼，既能满足平顺性和操纵稳定性的要求，也要保障驾乘的舒适性要求，其主要优点如下：

1）刚度可调，可改善汽车转弯侧倾、制动前倾和加速抬头等情况。

2）汽车载荷变化时，能自动维持车身高度不变。

3）在颠簸路面行驶时，能自动改变底盘高度，提高汽车的通过性。

4）可抑制制动点头和加速抬头现象，充分利用车轮与地面的附着条件，加速制动过程，缩短制动距离。

5）使车轮与地面保持良好的接触，提高车轮与地面的附着力，增加汽车抵抗侧滑的能力。

尽管线控悬架系统有诸多优点，但其复杂的结构也决定了线控悬架系统具有不可避免的缺点：

1）结构复杂，故障的概率和频率远远高于传统悬架系统。由于线控悬架要求每一个车轮悬架都有控制单元，得到路面数据后的优化处理算法难度非常大，容易造成调节过度或失效。

2）采用空气作为调整底盘高度的"推进动力"，减振器的密封性要求非常高，若空气减振器出现漏气，则整个系统将处于"瘫痪"状态，而且频繁地调整底盘高度，有可能造成气泵系统局部过热，大大缩短气泵的使用寿命。

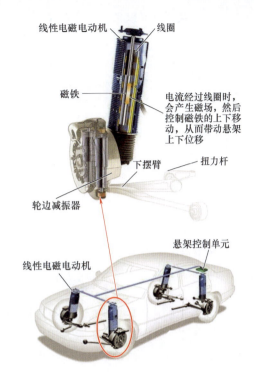

图 5-5-5　美国 BOSE 公司的动力-发电减振器

学习小结

1. 线控悬架系统（Suspension By Wire）也称为主动悬架系统，是智能网联车辆的重要组成部分，可实现振动缓冲、保持平稳行驶的功能直接影响车辆操控性能以及驾乘体验。
2. 线控悬架系统主要由模式选择开关、传感器、ECU 和执行机构等部分组成。
3. 线控悬架系统 ECU 可以实现减振器阻尼、弹簧刚度以及车身高度的控制等主要功能。

课后习题

一、不定项选择题

1. 在下列选项中，（　　）属于智能网联汽车的线控技术。

A. 线控转向技术　　　　　　　　B. 线控制动技术
C. 线控驱动技术　　　　　　　　D. 线控换档技术
E. 线控悬架技术

2. 传统汽车线控驱动和电动汽车线控驱动是否一样？（　　）

A. 是　　　　　　　　　　　　　B. 否

3. 线控悬架系统可以保证车身在（　　）等多种工况下的稳定性和舒适性。
A. 防侧倾控制　　　　　　　　B. 防点头控制
C. 防下蹲控制　　　　　　　　D. 高车速控制
E. 不平整路面控制

二、填空题

1. 在线控转向系统中，_____完成车辆航向角的控制，_____模拟产生转向盘回正力矩，以保障驾驶人驾驶感受。
2. 线控节气门系统主要由_____、_____、_____、_____、_____和_____组成。
3. 根据工作原理的不同，线控制动控制技术分为_____和_____两种。
4. 线控换档系统主要由_____、_____、_____、_____和档位指示器等组成。

三、思考题

1. 线控转向系统有哪些部分组成？
2. 简述线控驱动系统的工作原理。
3. 简述线控制动系统的结构及工作原理。
4. 简述丰田混动车型线控换档系统的结构及工作原理。
5. 简述线控悬架系统的结构及工作原理。

项目六　智能网联汽车高精度定位技术

 **任务一　高精度定位技术整体认知**

 学习目标

1. 掌握定位系统的作用
2. 熟悉高精度定位系统的组成
3. 了解智能网联汽车对定位系统的基本要求
4. 了解智能网联汽车常见的定位方法

 理论知识

一、定位系统的作用和要求

定位系统用来提供车辆的位置和姿态等信息。对于智能网联汽车而言，定位的重要性不言而喻，它可以帮助车辆了解自己相对于外界环境的精准位置，从而做出正确的决策，同时辅助感知系统，得到更加准确的检测和跟踪结果。

无自动化车辆和智能网联汽车的导航定位系统存在很大的不同。前者定位精度低（道路级定位）、频率比较低，结合地图，人可自己完成导航引路的应用需求，更倾向宏观的范畴；后者精度高（车道级定位），频率高，既要求全局的规划，又需要局部和车辆实时的高精度位置，以作为智能网联汽车决策控制的重要输入信息。

智能网联汽车对定位系统的基本要求如下：

1) 高精度：达到厘米级。

2) 高可用性：智能网联汽车测试已经从封闭的场景转移到更开放的场景，这要求定位系统能处理更多更复杂的情况。

3) 高可靠性：定位的输出是感知、规划与控制的输入，如果定位系统出现偏差将会导致很严重的后果。

4) 自主完好性检测：由于系统的可靠性只能做到非常接近100%，但是难以达到真正的100%，这要求系统在无法提供准确输出的时候，能及时地警告用户采取措施避免发生事故，因此，要求定位系统保证较低的虚警率与漏警率。

高精度定位在自动驾驶中起决定作用，是实现无人驾驶或者远程驾驶的基本前提，因此对定位性能的要求也非常严苛，其中L4/L5级自动驾驶对于定位的需求见表6-1-1。

表6-1-2所示为车企对于高精度定位需求调查表。由表可以看出，随着智能网联汽车等级的

提高,汽车行业对于高精度定位的需求将会越来越迫切,高精度定位服务在汽车行业的应用具有非常广阔的前景。

表 6-1-1　L4/L5 级自动驾驶汽车定位系统指标要求

项　目	指　标	理　想　值
位置精度	误差均值	<10cm
位置鲁棒性	最大误差	<30cm
姿态精度	误差均值	<0.5°
姿态鲁棒性	最大误差	<2.0°
场景	覆盖场景	全天候

注:资料来源于 IMT-2020(5G)《车辆高精度地图白皮书》,2019.10。

表 6-1-2　车企对于高精度定位需求调查表

车企	车企一	车企二	车企三	车企四	车企五	车企六	车企七
自动驾驶何时需要高精度地图	L3 级及以上	L4 级及以上	L3 级及以上	L3 级及以上	L3 级+至 L4 级	L3 级及以上	L3 级及以上
自动驾驶预计产业化运用时间	2020 年	2020 年	2021 年	2021 年以后	—	2020 年 6 月前	2020 年
辅助驾驶定位精度要求	<1m	偏转后 1.5m 内	<50cm	<50cm	1m 左右	<1m	1m 左右
自动驾驶定位精度要求	<10cm	<10cm	<20cm	<20cm	<20cm	<10cm	<10cm

注:资料来源于 IMT-2020(5G)《车辆高精度地图白皮书》,2019.10。

二、高精度定位系统的组成

高精度定位系统主要包括终端层、网络层、平台层和应用层,如图 6-1-1 所示。其中,终端层实现多源数据融合(卫星、传感器及蜂窝网数据)算法,保障不同应用场景、不同业务的定位需求;网络层包括 5G 基站、RTK 基站和路侧单元(Road Side Unit,RSU),为定位终端实现数据可靠传输;平台层提供一体化车辆定位平台功能,包括差分解算能力、地图数据库、高清动态地图、定位引擎,并实现定位能力开放;应用层基于高精度定位系统,能够为应用层提供车道级导航、线路规划和自动驾驶等应用。

(1) 终端层　为满足车辆在不同环境下的高精度定位需求,需要在终端采用多源数据融合的定位方案,包括基于差分数据的 GNSS 定位数据、惯性导航系统数据、传感器数据、高精度地图数据以及蜂窝网数据等。

(2) 网络层　系统网络层主要实现信号测量和信息传输,包括 5G 基站、RTK 基站和 RSU 的部署。5G 作为新一代的通信技术,可以保证较高的数据传输速率,满足高精度地图实时传输的需求。5G 基站也可完成与终端的信号测量,上报平台,在平台侧完成基于 5G 信号的定位计算,为车辆高精度定位提供辅助。基于 5G 边缘计算,可实现高精度地图信息的实时更新,提升高精度地图的实时性和准确性。

项目六　智能网联汽车高精度定位技术

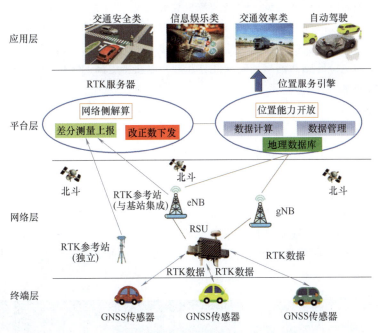

图 6-1-1　车辆高精度定位系统网络架构图

地基增强站主要完成 RTK 测量，地基增强站可以与运营商基站共建，大大降低网络部署以及运维成本。同时可通过 5G 网络实现 RTK 基站测量数据的传输，实现参考站快速灵活部署。

RSU 一方面可实现 RTK 信息播发，避免传统的 RTK 定位中终端初始位置的上报，同时 RSU 可提供局部道路车道级地图、实时动态交通信息广播。

（3）平台层　平台层可实现功能模块化，主要包括：

1）高精度地图。静态高精度地图信息，如车道线、车道中心线、车道属性变化等，此外还包含道路的曲率、坡度、航向、横坡等参数，能让车辆准确地转向、制动和爬坡等，还包含交通标志牌、路面标志等道路部件，还可标注出特殊的点，如 GNSS 消失的区域和道路施工状态等。

2）交通动态信息。例如道路拥堵情况、施工情况、交通事故、交通管制和天气情况等动态交通信息。

3）差分解算。平台通过 RTK 基站不断接收卫星数据，对电离层误差、对流层误差、轨道误差以及多路径效应等误差在内的各种主要系统误差源进行优化分析，建立整网的电离层延迟、对流层延迟等误差模型，并将优化后的空间误差发送给移动车辆。

4）数据管理。例如全国行政区划数据、矢量地图数据、基础交通数据、海量动态应急救援车辆位置数据、导航数据、实时交通数据、POI（Point of Interest）数据等，这里的数据是经过数据生产工艺，进行整合编译后的运行数据。

5）数据计算。包括路径规划、地图静态数据计算、动态实时数据计算、大数据分析、数据管理等功能。

（4）应用层　在应用层，为用户提供地图浏览、规划路线显示、数据监控和管理等功能，以及基于位置的其他车联网业务，例如辅助驾驶和自动驾驶等。

三、常见的定位方法

根据场景以及定位性能的需求不同，车辆定位方案是多种多样的。常用的定位技术有全球导航卫星技术、惯性导航技术、航迹推算（Dead-Reckoning，DR）技术、路标定位技术、高精度地图匹配定位技术、无线电（如蜂窝网、局域网等）定位技术、视觉定位技术、同时定位与地图创建（Simultaneous Localization and Mapping，SLAM）技术等。由于任何一种单独定位技术都有无法克服的弱点，智能网联汽车通常需要组合定位技术来实现精准定位。组合定位技术融合了两种或两种以上不同类型的定位传感器信息，实现优势互补，以获得更高的定位性能。

1. 定位系统用来提供车辆的位置和姿态等信息。
2. 智能网联汽车对定位系统的基本要求包括高精度、高可用性、高可靠性和自主完好性检测。
3. 高精度定位系统主要由终端层、网络层、平台层和应用层等组成。
4. 常见的定位技术包括全球导航卫星系统、惯性导航技术、航迹推算技术、路标定位技术、高精度地图匹配定位技术、无线电定位技术、视觉定位技术、同时定位与地图创建技术等。由于任何一种单独定位技术都有无法克服的弱点，智能网联汽车通常需要组合定位技术来实现精准定位。

任务二　高精度定位关键技术认知

1. 了解全球导航卫星系统的分类、组成和定位原理
2. 了解惯性导航系统的组成和基本定位原理
3. 了解 SLAM 技术的分类和基本定位原理
4. 了解蜂窝网定位的基本原理
5. 了解高精度定位技术在智能网联汽车上的应用

一、全球导航卫星系统

（1）全球导航卫星系统的分类　全球导航卫星系统（Global Navigation Satellite System，简称 GNSS）是一种基于卫星基础设施的、具有全球覆盖范围的无线电定位技术，如图 6-2-1 所示。当前，投入运作的 GNSS 主要包括美国的全球定位系统 GPS、俄罗斯的格洛纳斯卫星导航系统（GLONASS）、欧洲的伽利略系统（GALILEO）和我国的北斗系统（BDS）。

GPS（Global Positioning System）是由美国国防部研制的全球首个定位导航服务系统，1990—1999 年为系统建成并进入完全运作能力阶段，1993 年实现 24 颗在轨卫星满星运行。其中，24 颗导航卫星平均分布在 6 个轨道面上，保证在地球的任何地方可同时见到 4～12 颗卫星，使地球上任何地点、任何时刻均可实现三维定位、测速和测时，使用世界大地坐标系（WGS-84）。

GLONASS 的空间星座由 27 颗工作星和 3 颗备用星组成，均匀地分布在 3 个近圆形的轨道平面上，这 3 个轨道平面两两相隔 120°，使用苏联地心坐标系（PZ-90）。

GALILEO 是欧盟于 2002 年批准建设的卫星定位系统，计划由分布在 3 个轨道平面上的 30 颗中等高度轨道卫星构成，每个轨道平面上有 10 颗卫星，9 颗正常工作，1 颗运行备用，轨道平面倾角 56°，轨道高度为 24126km，其民用精度较高，使用世界大地坐标系（WGS-84）。

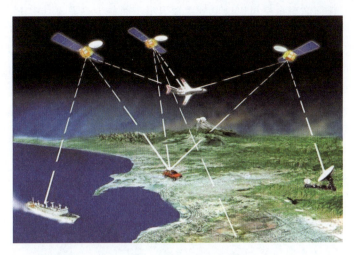

图 6-2-1　GNSS 运行示意图

BDS（BeiDou Navigation Satellite System）是由我国自主研发、独立运行的全球卫星定位与通信系统，空间段包括 5 颗静止轨道卫星和 30 颗非静止轨道卫星，采用我国独立建设使用的 CGCS2000 坐标系。表 6-2-1 所示为四大卫星导航系统的性能对比数据。

表 6-2-1　四大卫星导航系统的性能对比数据

	GPS	GLONASS	GALILEO	BDS
国家	美国	俄罗斯	欧盟	中国
组网卫星数/颗	24~30	30	30	24~30
轨道平面数	3	3	6	3
轨道高度/km	26560	25510	23222	21150
轨道倾角/(°)	55	64.8	56	55
运行周期	11H58M	11H15M	13H	12H55M
测地坐标系	WGS-84	PZ-90	WGS-84	CGCS2000
使用频率/GHz	1.228 1.575	1.597~1.617 1.240~1.260	1.164~1.300 1.559~1.592	1.207~1.269 1.561~1.590

（2）全球导航卫星系统组成　以 GPS 为例，介绍 GNSS 的系统组成。如图 6-2-2 所示，全球导航卫星系统主要由空间星座部分、地面监控部分和用户设备部分组成。

1）空间星座由 24 颗卫星组成，其中 21 颗为工作卫星，3 颗为备用卫星。24 颗卫星均匀分布在 6 个轨道平面上，即每个轨道平面上有 4 颗卫星，卫星轨道平面相对于地球赤道面的轨道倾角为 55°，各轨道平面升交点的赤经相差 60°，1 个轨道平面上的卫星比西边相邻轨道平面上的相应卫星升交角距超前 30°。这种布局的目的是保

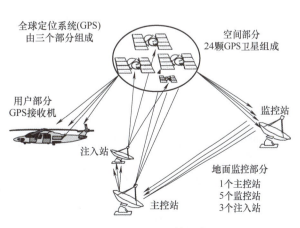

图 6-2-2　GPS 的组成

证在全球任何地点、任何时刻至少可以观测到 4 颗卫星。而最少只需要其中 3 颗卫星，就能迅速确定用户端在地球上所处的位置及海拔，所能连接到的卫星数越多，解码出来的位置就越精确。

2）地面监控部分主要由 1 个主控站、5 个监测站和 3 个注入站组成。主控站负责从各个监控站收集卫星数据，计算出卫星的星历和时钟修正参数等，并通过注入站注入卫星；并向卫星发布指令，控制卫星，当卫星出现故障时，调度备用卫星。监测站在主控站的直接控制下，自动对卫星进行持续不断的跟踪测量，并将自动采集的伪距观测量气象数据和时间标准等进行处理，然后存储并传送到主控站。注入站则负责将主控站计算的卫星星历、钟差信息、导航电文、控制指令发送给卫星。

3）用户设备主要是 GPS 接收器、卫星天线及相关设备，主要作用是从 GPS 卫星接收信号并利用传来的信息计算用户地理位置的纬度、经度、高度、速度和时间等信息。车载、机械、船载 GPS 导航仪，内置 GPS 功能的移动设备，GPS 测绘设备等都属于 GPS 用户设备。

(3) 全球导航卫星系统的定位原理　GNSS 是利用卫星基本三角定位原理来测量距离，如图 6-2-3 所示。三个卫星组成一个三角形，通过计算三个卫星位置几何数据，并融合同步计算结果，计算出当前接收器的卫星坐标位置。通常，GPS 接收器会使用第四颗卫星的位置对前三颗卫星的位置测量进行确认，以达到更好的效果。

假设测量到第一颗卫星的距离为 18000km，就可以把当前可能位置范围限定在离第一颗卫星 18000km 的地球表面。接下来，假设测量到第二颗卫星的距离为 20000km，那么可以进一步把当前位置范围限定在距离第一颗卫星 18000km 和距离第二颗卫星 20000km 的交叉区域。然后再对第三颗卫星进行测量，通过三颗卫星的距离交汇点定位出当前的位置。

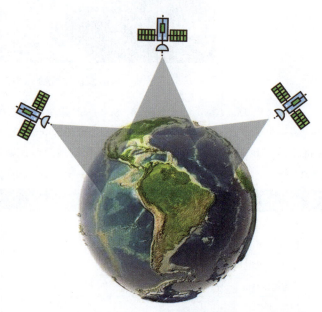

图 6-2-3　三角定位原理图

根据上文介绍，只要得到卫星几何平面的参数及无线电传播时间，就能计算得到智能网联汽车的位置。但在实际工程应用中，卫星信号的传播还受大气电离层、云层、树木、高楼、城市、峡谷等遮挡、反射和折射，以及多路径干扰，这些都会影响 GPS 信号传播，从而影响测距信息的准确度。为了降低天气、云层对 GPS 信号的影响，出现了其他 GPS 技术，如差分 GPS（Differential GPS，DGPS）。如图 6-2-4 所示，差分 GPS 技术通过在一个精确的已知位置（基准站）上安装 GPS 监测接收机，计算得到基准站与 GPS 卫星的距离，然后再根据误差修正结果提高定位精度。

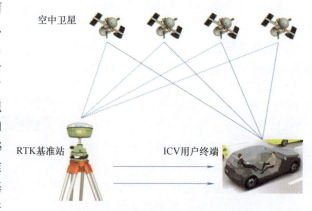

图 6-2-4　差分 GPS 工作示意图

差分 GPS 分为两大类,即位置差分和距离差分。距离差分又分为两类,即伪距差分和载波相位差分。目前,很多智能网联汽车公司(如百度、小马等),都采用了实时动态载波相位差分技术——RTK(Real-Time Kinematic)技术。RTK 技术是实时处理两个基站载波相位观测量的差分方法,即将基准站采集的载波相位发送给用户接收机,通过求差解算坐标。RTK 可使定位精度达到厘米级,这也是很多智能网联汽车公司采用 RTK 技术定位的原因。但 RTK 也存在一定的问题:基站铺设成本较高;非常依赖卫星数量,比如在一些桥洞和高楼大厦的环境下,可视的卫星数量会急剧下降;容易受到电磁环境干扰。在受到遮挡时,信号丢失,没有办法做定位。因此目前采用 RTK 定位技术实现大规模量产商用的可行性不高。

二、惯性导航系统

惯性导航系统(Inertial Navigation System,INS),简称为惯导,是一种不依赖于外部信息,也不向外部辐射能量的自主式导航系统。惯性导航系统基于陀螺仪和加速度传感器的信号组合进行自主式导航,图 6-2-5 所示为惯性导航系统外观图,陀螺仪测量物体三轴的角速率,用于计算载体姿态;加速度传感器测量物体三轴的线加速度,可用于计算载体速度和位置。

惯性导航系统的基本工作原理是以牛顿力学定律为基础,测量载体在惯性参考系的加速度和角加速度信息,再将这些测量值对时间进行一次积分,求得运动载体的速度、角速度,之后进行二次积分求得运动载体的位置信息,然后将其变换

图 6-2-5 惯性导航系统外观图

到导航坐标系,得到在导航坐标系中的速度、偏航角和位置等信息,其工作原理框图如图 6-2-6 所示。一般情况下惯性导航系统会结合 GPS 使用,并融合经纬度信息,以提供更精确的位置信息。

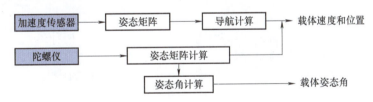

图 6-2-6 惯性导航系统原理框图

惯性导航系统具有以下优点:
1)能提供位置、速度、航向和姿态角数据,所产生的导航信息连续性好且噪声小。
2)数据更新率高,短期精度和稳定性好。
3)可全天候地工作于空中、地面乃至水下。
4)隐蔽性好,且不受外界电磁干扰的影响。但是,由于其导航信息经过积分而产生,定位误差随着时间增加而增大,长期精度差,容易产生温漂和零漂等问题。

差分 GNSS 是一个比较精确的定位系统,但是其具有更新频率过低的局限性,同时易受环境影响(如建筑物遮挡),因此在特定环境下不足以提供足够实时的位置更新。与之相比,INS 的更新频率快,并补偿了 GNSS 短时间信号缺失(如遮挡)的情况,但是存在累积误差缺陷。因此通过整合 GNSS 与 INS 的定位方法,可以为智能网联汽车提供既准确又实时的位置更新。

三、SLAM 自主导航系统

(1) SLAM 系统介绍 同时定位与地图构建(Simultaneous Localization And Mapping,简称

SLAM),通常是指在机器人或者其他载体上,通过对各种传感器数据进行采集和计算,生成对其自身位置姿态的定位和场景地图信息的系统。SLAM 起源于机器人领域,其问题可以描述为:机器人在未知环境中开始启动,并尝试从一个未知位置开始移动,在移动过程中根据自身位姿估计和地图匹配进行自身定位,然后在自身定位的基础上实现运动中拓展地图,最终实现全局机器人的自主定位和导航。

SLAM 示意图如图 6-2-7 所示,黑色边界即激光雷达探测到的障碍物边界,表示此路不通,白色区域是可行驶的自由区域,放射性状的线条表示此处有窗户或门,激光雷达部分点散射了出去。通过扫描整个环境,可以形成一幅 2D 的激光雷达视觉地图。通过与环境的匹配对比,机器人或车辆判断自身目前在地图中所处的位置,黄色线条是规划和行驶的路线。

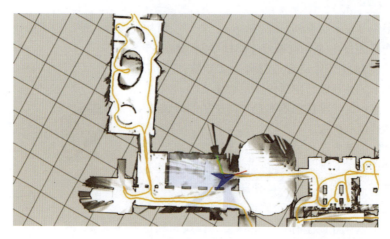

图 6-2-7　SLAM 示意图

(2) SLAM 系统分类　一般来讲,SLAM 系统通常包含多种传感器和多种功能模块。按照核心的功能模块来区分,目前常见的智能网联汽车 SLAM 系统一般具有两种形式:基于激光雷达的 SLAM(激光 SLAM)和基于视觉的 SLAM(Visual SLAM 或 VSLAM)。

激光 SLAM 通过对不同时刻两片点云的匹配与比对,计算激光雷达相对运动的距离和姿态的改变,也就完成了对机器人自身的定位。激光雷达距离测量比较准确,误差模型简单,在强光直射以外的环境中运行稳定,点云的处理也比较容易。同时,点云信息本身包含直接的几何关系,使机器人的路径规划和导航变得直观。激光 SLAM 理论研究也相对成熟,落地产品更丰富。以谷歌汽车为例,车辆携带有 GPS,通过 GPS 对位置进行判断,并以激光雷达 SLAM 点云图像与高精度地图进行坐标配准,匹配后确认自身位姿。

视觉 SLAM 可以从环境中获取海量的、冗余的纹理信息,拥有超强的场景辨识能力,图 6-2-8 所示为视觉 SLAM 导航与避障应用案例。视觉 SLAM 的优点是丰富纹理信息。这在重定位、场景分类上具有无可比拟的巨大优势。例如两块尺寸相同内容却不同的广告牌,基于点云的激光 SLAM 算法无法区别它们,而视觉可以轻易分辨。同时,视觉信息可以较为容易地被用来跟踪和预测场景中的动态目标,如行人和车辆等,这在复杂动态场景中的应用是至关重要的。此外,视觉的投影模型理论上可以让无限远处的物体都进入视觉画面中,在合理的配置下(如长基线的双目相机)可以进行很大范围场景的定位与地图构建。

视觉 SLAM 根据所用的摄像头个数又分为单目、双目 SLAM。单目 SLAM 成本低,但由于无法测量深度和尺度等问题,导致精度不高。双目 SLAM 经过系统的标定后,可以通过计算得到深度信息。因此,从鲁棒性和可靠性来说,双目要比单目 SLAM 要好一些。一般来说,视觉 SLAM 都结合 IMU 等传感器使用,以更大程度地提高建图精度和姿态估计精度。

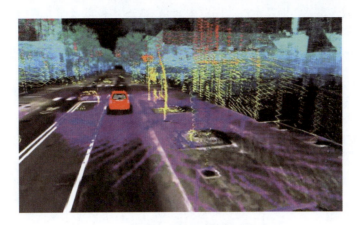

图 6-2-8　视觉 SLAM 导航与避障应用案例

SLAM 在自动驾驶、服务型机器人、无人机、AR/VR 等领域有着广泛的应用，可以说凡是拥有一定行动能力的智能体都拥有某种形式的 SLAM 系统。SLAM 在诸如无人清扫车、园区无人摆渡车、园区无人快递车等低速智能网联汽车应用场景中得到广泛应用。

四、蜂窝网定位

基于蜂窝网定位的基本逻辑架构如图 6-2-9 所示。一般来说，定位基本过程由定位客户端发起定位请求给定位服务器，定位服务器通过配置无线接入网络节点进行定位目标的测量，或者通过其他手段从定位目标处获得位置相关信息，最终计算得出位置信息并和坐标匹配。需要指出的是，定位客户端和定位目标可以合设，即定位目标本身可以发起针对自己的定位请求，也可以是外部发起针对某个定位目标的请求；最终

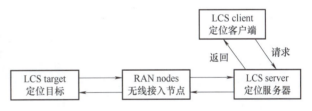

图 6-2-9　基于蜂窝网定位的基本逻辑架构

定位目标位置的计算可以由定位目标自身完成，也可以由定位服务器计算得出。

基于 4G 的蜂窝定位，受信号带宽、同步以及网络部署的影响，定位精度一般在几十米左右，而随着 5G 的到来，大带宽、多天线以及高精度同步技术等的支撑，可以使 5G 的定位精度大幅提高，目前在仿真/测试场景下，室内定位精度可达 2~3m，可在室内及隧道环境下弥补卫星定位的不足。

五、高精度定位在智能网联汽车上的应用案例

根据前文的介绍可以看出，不同的定位方式各有优劣，智能网联汽车在实际应用中，一般采用多传感器融合的定位，既做到优势互补，也提高了稳定性，增强了定位精度。L4 无人车运营商常用的定位方案多使用多线束的激光雷达和高精度的 GPS/IMU，虽然这些高精密的传感器能够提供丰富的信息，但成本十分高昂，并且也无法满足车规的要求。禾多科技研发了面向量产的多传感器融合定位技术，采用了全车规级的低成本传感器，如 GNSS、相机、低成本车规级 IMU、轮速传感器等，以满足量产的需求。

接下来，以百度 Apollo2.0 为例，介绍高精度定位在智能网联汽车上的应用。Apollo2.0 的多传感器融合定位模块的框架如图 6-2-10 所示：左边列出了定位模块依赖的硬件以及数据，包括 IMU、

车端天线、基站、激光雷达,以及定位地图;中间是 GNSS 定位以及激光点云定位模块,GNSS 定位输出位置及速度信息,点云定位输出位置及航向角信息;右边是融合框架,融合框架包括两部分:惯性导航解算、卡尔曼滤波;融合定位的结果会反过来用于 GNSS 定位和点云定位的预测;融合定位的输出是一个6自由度的位置和姿态,以及协方差矩阵。

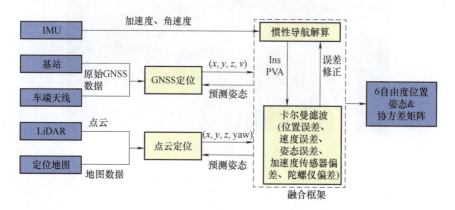

图 6-2-10　Apollo2.0 的多传感器融合定位模块的框架

1. GNSS 主要包括美国的全球定位系统 GPS、俄罗斯的格洛纳斯卫星导航系统(GLONASS)、欧洲的伽利略系统(GALILEO)和我国的北斗系统(BDS)。

2. GNSS 主要由空间星座部分、地面监控部分和用户设备部分组成。利用卫星基本三角定位原理来测量距离。

3. 惯性导航系统是一种基于陀螺仪和加速度传感器的信号组合进行自主式导航的技术。一般情况下惯性导航系统会结合 GPS 使用,并融合经纬度信息,以提供更精确的位置信息。

4. SLAM 是指在机器人或者其他载体上,通过对各种传感器数据进行采集和计算,生成对其自身位置姿态的定位和场景地图信息的系统。SLAM 系统一般分为激光 SLAM 和视觉 SLAM 两种形式。

5. 基于蜂窝网定位的基本过程是:由定位客户端发起定位请求给定位服务器,定位服务器通过配置无线接入网络节点进行定位目标的测量,或者通过其他手段从定位目标处获得位置相关信息,最终计算得出位置信息并和坐标匹配。

6. 智能网联汽车在实际应用中一般采用多传感器融合的定位系统,既做到优势互补,也提高了稳定性,增强了定位精度。

任务三　高精度地图制作及应用认知

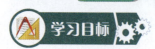

1. 掌握高精度地图的概念
2. 熟悉高精度地图的制作流程
3. 了解高精度地图在智能网联汽车中的应用

智能网联汽车
高精度地图

一、高精度地图的概念

高精度地图是指绝对精度和相对精度均在亚米级的高分辨率、高丰度要素的电子地图,也称为三维高精度地图,简称为 HD Map 或 HAD Map,一般指静态的高精度路网信息。动态高精度地图是指包含了道路网上的动态变化信息要素的高精度地图,比如路口红绿灯状态、道路动态通行指标、路网变化情况等,简称为 Live HD Map。

高精度地图与普通电子地图相比有很大的不同,见表 6-3-1。

1) 使用主体不同:普通电子地图的使用者是人,而高精地图的使用者是车载计算机系统。

2) 用途不同:普通电子地图是用来为人提供导航、搜索和可视化服务,高精度地图则是直接为车提供高精度定位、辅助自动驾驶感知、决策和规划。

3) 所属系统不同:普通电子地图属于带显示屏幕的车载信息系统,而高精度地图属于车载安全系统,没有人机交互界面,也不需要人员的介入。

4) 所包含的要素不同:普通电子地图仅仅包含道路中心线、信息点、区域边界、部分交通标识等道路位置和形态信息,高精度地图中则包含完整的道路信息,包括所有车道线、道路部件、道路属性以及道路连接设施等丰富全面的信息。

5) 定位精度不同:普通电子地图一般精度在 10m 左右,因此其导航水平为道路级,高精度地图的精度则需要达到 20cm,其导航水平为车道级。

6) 现势性需求不同:由于驾驶人可以良好应对,因此普通电子地图现势性需求相对较低;而计算机难以良好应付,因此高精度地图现势性需求高。同时,高精度地图还需要有比传统地图更高的实时性,由于道路路网经常会发生变化,如道路整修、标识线磨损或重漆、交通标识改变等。这些改变都要及时反映在高精度地图上,以确保智能网联汽车的行车安全。

表 6-3-1 普通电子地图与高精度地图的差别

项目	普通电子地图	高精度地图
示意图		
使用主体	人	车载计算机系统
用途	导航、搜索、目视	高精度定位、辅助自动驾驶感知、决策和规划
所属系统	车载信息系统	车载安全系统
包含要素	道路位置、形态	详细的车道模型
定位精度	10m 左右,道路级	20cm,车道级
现势性需求	较低,人可以良好应对	高,计算机难以良好应对

二、高精度地图采集与生成过程

传统电子地图主要依靠卫星图片产生，然后由 GPS 定位，这种方法可以达到米级精度。高精地图需要达到厘米级精度，仅靠卫星与 GPS 是不够的。为了确保数据生产的安全性和准确性，高精度地图有严格规范的生产流程：首先，根据用户应用的需要对地图产品进行规划，制订生产规划；然后，数据信息采集部门开始收集数据信息和后处理；接着，对收集的数据进行处理编辑绘制地图；最后，对数据进行转换编译，生成矢量母库，完成生产环节，进入发布环节。图 6-3-1 所示为高精度地图制作过程流程图。

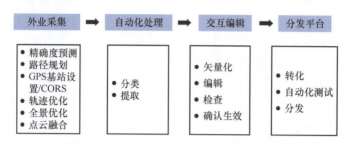

图 6-3-1 高精度地图制作过程流程图

（1）外业采集　外业采集是制作高精度地图的第一步，目前主流的高精度地图数据采集主要通过采集车采集和众包设备采集两种渠道，同时也收集大量的用户反馈信息、互联网信息、卫星影像等信息，用于数据生产的情报。

图 6-3-2 所示为百度公司的一辆高精度地图采集车。该采集车搭载了激光雷达、摄像头、差分卫星定位系统和惯性导航系统等核心设备，可以精确识别交通标志、地面标志、车道线、桥梁、灯柱和护栏等。专业采集车采集的数据包括高精度轨迹、图像、激光点云数据。其中，轨迹包括了精度、纬度、海拔、航向、倾角、俯仰角及速度信息。在数据采集过程中，

图 6-3-2 高精度地图采集车

高精度地图采集车会以 60~80km/h 的速度在道路上平稳行驶，同时采集员需要实时监控副驾驶人位置的采集系统和设备的工作状态，并且根据天气和环境状况选择不同的摄像头参数。

由于专业采集设备较昂贵，每辆采集车需要的设备成本甚至多达数百万元，出于成本考虑，专业的采集设备不能无限制地扩张。面对日益增长的市场需求及全区域覆盖的要求，以 Mobileye 为代表的众包设备采集模式成为高精度地图数据采集的另一个采集途径。众包设备采集是指地图公司与整车厂合作，借助不同品牌大量级的车辆上摄像头获取到的数据，作为地图的数据来源，能够保证数据的更新率；随着车载传感设备的普及，地图制作的效率也会逐渐提升。这种收集方式可以改善"由整到零"的专业采集车采集方式所带来的高成本、速度慢的缺点。比如，Mobileye 与上汽集团、四维图新合作推出的 REM（Road Experience Management）计划，是通过车辆摄像头以众包的方式上传道路数据，制作高精度地图。同样，车辆可以通过摄像头捕捉到的道路标识以及地图数据，实现高精度定位。图 6-3-3 所示为众包设备采集的道路场景示意图。

项目六　智能网联汽车高精度定位技术

图 6-3-3　众包设备采集的道路场景示意图

（2）自动化处理　采集的数据成果进入内业处理流程，数据处理利用人工智能技术自动提取和拟合，减少人工操作，加快了数据生产并节省了人力成本。在自动融合和识别环节，将采集到的每秒 10 帧左右的图像数据信息自动融合，简单来讲就是将图像、点云、GPS 等数据叠加到一起，然后进行车道线、信号灯、人行横道、交通标识牌、路杆等道路元素的分类与提取（图 6-3-4）。另外，在采集过程中同一条道路上双向采集之后采集到的重复数据也会在这个环节自动进行整合，删除重复内容。这一步，相当于是视频剪辑中的粗剪，只不过是自动完成的。

图 6-3-4　高精度地图的自动化处理

（3）交互编辑　由于自动化处理阶段无法达到 100% 精准，所以还需要利用人工智能技术和专业人员对数据进一步处理，该过程主要包括地图矢量化、编辑、检查核对和确认生效等工作。这一步，相当于视频制作中的精剪、输出成片阶段。图 6-3-5 所示为高精度地图的矢量化过程示意图。

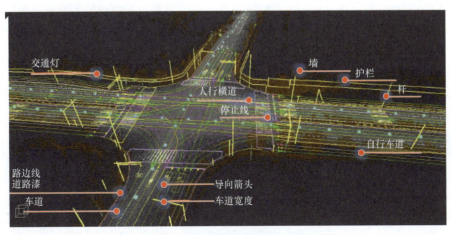

图 6-3-5　高精度地图的矢量化过程示意图

（4）分发平台　完成对数据的交互编辑后，要对数据进行转换编译，生成矢量母库，通过自动化测试后，完成高精度地图的生产环节。最后，通过不同平台进行地图的发布。

三、高精度地图在智能网联汽车中的应用

高精度地图拥有精确的车辆位置信息和道路元素信息，帮助各种传感器更好地完成对环境的感知，为智能网联汽车提供更完备丰富的周边环境信息和更精确的定位。同时，也可视为智能网联汽车先验知识积累形成的长期记忆，帮助汽车预知路面复杂信息，如坡度、曲率和航向等，更好地规避潜在的风险，是智能网联汽车落地的关键驱动力。智能网联汽车的自动化和智能化等级越高，对高精度地图的依赖性越强。

（1）辅助高精度定位　高精度地图中包含了丰富的对象数据，车辆通过传感器对道路周边进行感知，识别并提取出道路周边的对象并与地图中要素对象进行匹配，再通过 GPS 粗定位信息进行融合，可以实现车辆位置信息的精准定位。

（2）辅助环境感知　与视觉、雷达等传统环境感知传感器相比，在静态物体检测方面，高精度地图不受环境、障碍物等的干扰，当道路环境被其他物体遮挡或者超出了传感器感知范围时，高精度地图能够辅助车辆对行进方向环境完成超视距感知。此外，智能网联汽车感知重构周围三维场景时，可以利用高精度地图作为先验知识减少数据处理时的搜索范围。智能网联汽车可以根据当前位置在高精度地图中快速检索出周边的车道标线、地面箭头、文字以及路边护栏、路牙、标识标牌等信息，同时通过各类传感器的实际探测比对，最终得到准确的固定环境感知。

（3）辅助动态路径规划　车辆在拥有高精度定位功能的前提下，在无外部环境干扰的情况下可以根据高精地图的车道参考线规划出一条静态路径，指引车辆前进到达目的地。但由于现实中道路环境存在各种干扰情况，包括其他车辆和行人等，因此车辆需要更复杂的传感器进行感知决策，以决定行进中是否需要换道，进而触发重新进行路径规划。高精度地图提供车道中心线，以及车道中心线连通关系，智能网联汽车可以在这个数据基础上结合当前位置及前进方向进行有限范围（如 10km 范围内）准实时的车道级路径规划，规划结果用于辅助决策单元生成控制指令。以上过程在车辆行驶过程中反复被触发调用，其中需要依赖的核心数据就是高精度地图的车道级几何和拓扑关系。

（4）与 V2X 协同合作　在 V2X 环境中，V2X 系统与高精度地图分工合作，通过路侧基础设施（信号灯、标识牌等 RSU）与车辆进行通信，车辆能够直接获取道路基础环境信息及其变化情况，并能够利用基础设施进行高精度定位。高精度地图用于车道规划和对于能发射信号基础设施的感知，如路肩和隔离带等。高精度地图云中心可以通过与基础设施中的道路边缘计算网格进行通信，实现信息的收集与分发。

1. 高精度地图是指绝对精度和相对精度均在亚米级的高分辨率、高丰度要素的电子地图，也称为三维高精度地图，简称为 HD Map 或 HAD Map。
2. 与传统电子地图相比，高精度地图在使用主体、用途、所属系统、包含要素、定位精度、现势性需求等方面均存在很大的不同。
3. 高精度地图的制作过程主要包括外业采集、自动化处理、交互编辑及分发平台等流程。
4. 高精度地图在智能网联汽车中的应用主要包括辅助高精度定位、辅助环境感知、辅助动态路径规划及与 V2X 协同合作等方面。

一、不定项选择题

1. 智能网联汽车对定位系统的基本要求包括（　　）。
   A. 高精度　　　　　　　　　B. 高可用性
   C. 高可靠性　　　　　　　　D. 自主完好性检测
2. GNSS 的地面监控部分主要由（　　）组成。
   A. RTK 基站　　B. 主控站　　C. 监测站　　D. 注入站
3. 高精度地图在智能网联汽车中的应用主要包括（　　）。
   A. 辅助高精度定位　　　　　B. 辅助环境感知
   C. 辅助动态路径规划　　　　D. V2X 协同合作

二、填空题

1. 智能网联汽车定位系统用来提供车辆的_____、_____等信息。
2. 高精度定位系统主要包括_____、_____、_____和_____。
3. GNSS 主要由_____部分、_____部分和_____部分组成。
4. INS 是一种基于_____和_____的信号组合进行自主式导航技术。
5. SLAM 系统一般具有两种形式：_____SLAM 和_____SLAM。
6. _____是指绝对精度和相对精度均在亚米级的高分辨率、高丰度要素的电子地图。
7. 高精度地图数据采集主要通过_____采集和_____采集两种渠道。

三、思考题

1. 简述高精度地图与传统电子地图的差异。
2. 简述惯性导航系统的基本工作原理。
3. 简述 SLAM 的作用和分类。
4. 简述高精度地图采集与生成过程。

项目七　车联网及通信技术

车联网是以车内网、车际网和车载移动互联网为基础，按照约定的通信协议和数据交互标准，在车与X（车、路、行人、互联网等）之间进行无线通信和信息交换的大系统网络，是能够实现智能化交通管理、智能动态信息服务和车辆智能化控制的一体化网络。通信技术是智能网联汽车实现的基础，使车辆能在自动驾驶模式下实时分析交通信息，自动选择当前路况下的最佳行驶路线。

20世纪60年代，日本开始研究车间通信。2000年左右，欧洲和美国也相继启动多个车联网项目，旨在推动车间网联系统的发展。2007年，包括宝马在内的欧洲6家汽车制造商成立了Car2Car通信联盟，积极推动建立开放的欧洲通信系统标准，实现不同厂家汽车之间的相互沟通。2010年，美国交通部发布了《智能交通战略研究计划》，规划和部署美国车辆网络技术。2016年9月，华为、奥迪、宝马和戴姆勒等公司合作推出5G汽车联盟（5GAA），并与汽车经销商和科研机构共同开展汽车网络应用。2017年年底，中国政府颁布多项方案，将发展车联网提到了国家创新战略层面。

车联网及通信技术在智能网联汽车中的应用非常广泛，主要涉及提高驾驶安全、提升交通效率，以及向驾驶人提供信息或娱乐。例如，当车辆进入交叉路口或离开高速公路时，提供危险位置警告信息，以及应用于智能交叉路口的自适应交通灯、高速公路安装的ETC不停车收费系统等。

根据车联网主要应用场景及通信距离，将其分为近距离通信技术、中短距离通信技术、长距离通信技术以及车用CAN通信技术。

任务一　近距离通信技术认知

1. 掌握RFID、NFC、WiFi、蓝牙通信技术的概念
2. 掌握RFID、NFC、WiFi、蓝牙通信技术的工作原理
3. 了解近距离通信技术的应用场景

一、RFID技术

（1）概念　RFID技术也称为射频识别技术（Radio Frequency Identification），通过无线射频方式结合数据访问技术，进行非接触双向数据通信，利用无线射频方式通过电磁波对电子标签进行读写，以实现识别目标和数据交换的目的。

1948 年，RFID 的理论基础诞生。但是直到 2000 年以后，人们才普遍认识到 RFID 产品的意义，应用领域逐渐增加。目前，单芯片电子标签、多电子标签识读、无线可读可写、适应高速移动物体的 RFID 技术不断发展，相关产品开始广泛应用。

（2）工作原理　RFID 技术由读写器和电子标签等部分组成，如图 7-1-1 所示。在 RFID 系统工作时，由阅读器在一个大小取决于发射功率的区域内发送射频能量形成电磁场，覆盖区域内的电子标签被触发，发送存储在其中的数据给阅读器，或根据阅读器的指令修改存储在其中的数据。

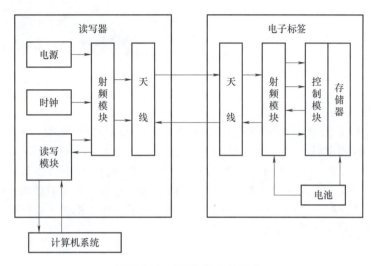

图 7-1-1　RFID 技术的组成

RFID 技术依据其标签的供电方式可分为无源 RFID、有源 RFID 与半有源 RFID 三类。

1）无源 RFID。由于出现时间早，目前技术最成熟，应用也最为广泛。由读写器传输微波信号给电子标签，电子标签通过电磁感应线圈获取能量给自身短暂供电，实现信息交换。产品的结构简单、成本、故障率低，使用寿命长，而且由于省略了供电系统，体积可以小到厘米量级，适用于公交卡和二代身份证等。

2）有源 RFID。虽然出现时间短，但已广泛用于高速公路电子不停车收费。电子标签使用外接电源供电，主动向读写器发送信号，主要工作在 900MHz、2.45GHz、5.8GHz 等较高频段。产品的传输距离较长，传输速度较高，但体积相对较大，适用于大范围的射频识别应用场合。

3）半有源 RFID。解决了无源 RFID 和有源 RFID 的缺点。通常，半有源 RFID 仅对电子标签中保持数据的部分进行供电，产品处于休眠状态，因此耗电量较小。读写器先以 125kHz 低频信号在小范围内精确激活进入其识别范围的电子标签使之进入工作状态，再通过 2.4GHz 微波与其进行信息传递。

（3）汽车领域应用　RFID 技术可以用于机动车流量、车辆平均速度、道路拥挤状况等交通信息的采集，也可以用于交通信号优化控制、公交信号优化控制、特定区域出入管理等智能交通控制，以及违章、违法行为检测和车牌自动识别系统等领域。

2014 年，捷豹路虎开始使用 RFID 标签进行整车的生产和管理。通过追踪读取标签信息，获取生产线的实时生产数据，精确计算零部件的消耗，实现生产线方式的转变，如图 7-1-2 所示。

图 7-1-2　捷豹路虎使用 RFID 标签进行整车的生产和管理

美国福特汽车公司将 RFID 标签粘贴在车辆的车窗上，用于管理整车物流运输和车辆追踪，如图 7-1-3 所示。

二、NFC 技术

（1）概念　NFC 技术也称为近场通信（Near Field Communication），是一种高频无线通信技术，允许电子设备之间进行非接触式点对点数据传输（在 10cm 内）交换数据、图片和视频信息。该技术最早由 Philips 公司发起，Nokia 公司和 Sony 公司等厂家主推。

图 7-1-3　美国福特汽车公司使用 RFID 标签管理整车物流运输和车辆追踪

NFC 技术由免接触式 RFID 演变而来，并向下兼容 RFID，工作在 13.56MHz 频率，点对点的通信建立时间少于 0.1s，传输速度分别有 106kbit/s、212kbit/s 和 424kbit/s 三种类型。

（2）工作原理　如图 7-1-4 所示，在被动模式下，NFC 通信的发起设备提供射频场，以一种固定的传输速度将数据发送到目标设备。NFC 通信的目标设备不必产生射频场，而使用负载调制技术以相同的速度将数据传回发起设备。因此，发起设备可以在该模式下以相同的连接和初始化过程检测目标设备，并与之建立联系。

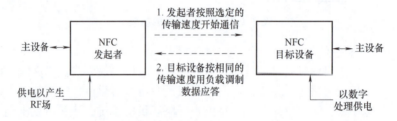

图 7-1-4　NFC 被动通信模式

如图 7-1-5 所示，在主动模式下，任一设备向另一台设备发送数据时，都必须产生自己的射频场，以便进行通信，获得快速的连接设置。

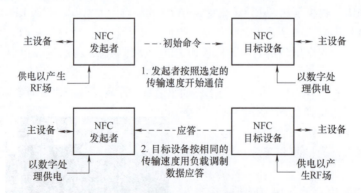

图 7-1-5　NFC 主动通信模式

NFC 技术是一个开放接口平台，可以对无线网络进行快速、主动设置，将非接触读卡器、非接触卡和点对点功能整合进一块单芯片，为消费者的生活方式开创了不计其数的全新机遇。

项目七　车联网及通信技术

虽然 NFC 技术与 RFID 技术一样，通过频谱中无线频率部分的电磁感应耦合方式传递，但是两者之间存在很大的区别，主要表现在以下四个方面：首先，NFC 技术是一种提供轻松、安全、迅速的无线通信连接技术，其传输范围比 RFID 技术的米级以上的传输范围要小，具有距离近、带宽高和能耗低等特点；其次，NFC 技术与现有非接触智能卡技术兼容，已经成为越来越多主要厂商支持的正式标准；再次，NFC 技术是一种近距离连接协议，提供各种设备间轻松、安全、迅速而自动的通信；最后，RFID 技术更多地被应用在生产、物流、跟踪和资产管理上，而 NFC 在门禁、公交、手机支付等领域内发挥着巨大的作用。

（3）车联网应用　NFC 技术可以提高汽车使用的易用性和功能性，可以将智能手机作为汽车的智能钥匙用于解锁打开车门和关闭车门。

2014 年，芯片厂商 NXP 为苹果 iPhone 6 和 iPhone 6 Plus 提供了内置 NFC 芯片，首次提出希望汽车厂商们能够加入对 NFC 技术的支持，通过智能手机解锁车门、发动汽车。宝马 M850i 的数字钥匙即采用该技术，使用智能手机放在车门把手上即可打开车门，然后将手机放入无线充电手机托盘即可起动车辆。

2019 年 12 月，华为钱包与比亚迪 DiLink 联合发布基于 NFC 的智能"手机车钥匙"，将搭载比亚迪宋 Pro 车型，实现解锁和上锁等一系列动作，为用户提供更便捷智能的数字车生活，如图 7-1-6 所示。2020 年 3 月，小米手机也与比亚迪 DiLink 联合发布了手机 NFC 车钥匙功能，还可以读取车辆的状态数据。

NFC 技术实现时，设备必须靠得很近，提供了天然的使用安全性，也可以通过加密和解密系统提高设备之间的通信安全性。

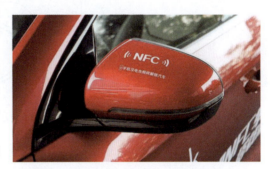

图 7-1-6　华为钱包与比亚迪 DiLink 携手提供汽车智慧出行解决方案

三、WiFi 技术

（1）概念　WiFi 技术由澳大利亚的研究机构 CSIRO 在 20 世纪 90 年代发明，并于 1996 年在美国成功申请专利。该技术是一种创建于 IEEE 802.11 标准的无线局域网技术，实质上是 WiFi 联盟制造商的商业认证，已经应用于笔记本计算机、手机和汽车等广大领域中。具有覆盖范围广、传输速率快、安装和建设成本低的优势。同时，由于无线电信号遇到障碍物会发生不同程度的折射、反射和衍射，导致信号强度随着相对接入点距离的增加而减弱，而且容易受同频率电波的干扰和雷电天气的影响，造成网络信号的不稳定和速率下降。

WiFi 技术通常使用 2.4G UHF 或 5G SHF ISM 射频频段。2.4G 频段具有室内环境中抗衰减能力强的优点，但是由于干扰多，不能保障足够的稳定性。5G 频段具有抗干扰能力强，能提供更大的带宽，吞吐率高以及可扩展性强的优点，但只适合室内小范围覆盖和室外网桥，容易受到各种障碍物的衰减作用。

（2）工作原理　WiFi 技术的组成元件包括站点 STA、接入点 AP、基本服务集 BSS、服务集识别码 SSID、分布式系统 DS、扩展服务集 ESS、门桥（Portal）。WiFi 网络组成元件之间的关系如图 7-1-7 所示。

站点 STA（Station）是指具有 WiFi 通信功能的，而且连接到无线网络中的终端设备，如手机、平板电脑和笔记本计算机等。接入点 AP（Access Point）也称为基站，是常说的 WiFi 热点，相当于一个转发器，将互联网上的数据转发给接入设备。基本服务集 BSS（Basic Service Set）是网络最基本的服务单元，可以由一个接入点和若干个网站组成，也可以由若干个网站组成。服务集识别码 SSID（Service Set IDentifier）是指 WiFi 账号，通过接入点广播。分布式系统 DS（Distribution System）也称为传输系统，通过基站将多个基本服务集连接起来。当帧传送至分布式系统时，随即被送至正确的基站，而后由基站转送至目的站点 STA。扩展服务集 ESS（Extended Service Set）由一个或者多个基本服务集通过分布式系统串联在一起构成，可扩展无线网络的覆盖范围。门桥（Portal）的作用就相当于网桥，用于将无线局域网和有线局域网或者其他网络联系起来。

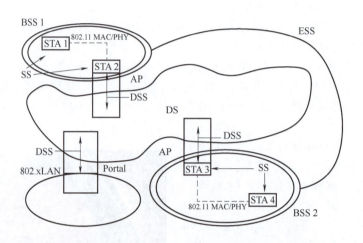

图 7-1-7　WiFi 网络组成元件之间的关系

WiFi 技术的工作模式主要有 STA 模式、AccessPoint 模式、Monitor 模式、Ad-hoc（IBSS）模式、WDS 模式、Mesh 模式。以 STA 模式为例：可以供任何一种无线网卡使用，是默认模式。在此模式下，无线网卡发送连接与认证消息给热点，热点接收到完成认证后，发回成功认证消息，而后此网卡接入无线网络。

（3）应用　WiFi 技术应用于智能网联汽车，可快速搭建移动热点，在不依赖于移动蜂窝网络的状态下实现网络连接，体验无线上网，如图 7-1-8 所示。驾驶人可以使用手机等移动设备远程查看车辆的位置、轮胎气压、油量与行驶里程等信息，以及查看车辆的性能与检测报告。同时，可以让驾驶人与乘客把移动设备中的内容同步传输到车辆的信息娱乐系统以及后座的显示屏上，实现手机与车机的同步互联、双屏互动操作。阿里巴巴集团投资的斑马智行车载互联网系统可与手机良好地互动，如图 7-1-9 所示。

图 7-1-8　车载 WiFi 系统

四、蓝牙技术

(1) 概念　蓝牙技术也称为 Bluetooth,是一种支持移动电话、掌上电脑、无线耳机、智能汽车以及相关外设等设备不必借助电缆就能联网,组成一个巨大的无线通信网络进行近距离通信的技术。该技术源于爱立信公司的 1994 方案,并在 1998 年 5 月由爱立信、诺基亚、东芝、IBM 和英特尔公司五家著名厂商联合研究发布。

目前,蓝牙技术已经经过了 5 代 10 个版本的更新,分别为 1.0、1.1、1.2、2.0、2.1、3.0、4.0、4.1、4.2、5.0。

图 7-1-9　阿里巴巴集团投资的斑马智行车载互联网系统

1999 年:蓝牙 1.0。多家厂商的产品互不兼容,在协议的层面上不能做到匿名,容易造成数据泄露。

2001 年:蓝牙 1.1。属于 IEEE 802.15.1 标准,传输率为 0.7Mbit/s,容易受到同频率之间产品干扰,影响通信质量。

2003 年:蓝牙 1.2。针对 1.0 版本的安全性问题,完善了匿名方式,保护用户免受身份嗅探攻击和跟踪。

2004 年:蓝牙 2.0。是 1.2 版本的改良版,传输率可达 3Mbit/s,支持双工模式,可以一边进行语音通信,一边传输文档和高像素图片。

2007 年:蓝牙 2.1。新增了 Sniff Subrating 省电功能,蓝牙芯片的工作负载大幅降低。

2009 年:蓝牙 3.0。新增了可选技术 High Speed,使蓝牙可以调用 802.11 WiFi,用于实现高速数据传输,传输率高达 24Mbit/s,而且引入 EPC 增强电源控制技术,实际空闲功耗明显降低。

2010 年:蓝牙 4.0。提出第一个蓝牙综合协议规范,明确了低功耗蓝牙、传统蓝牙和高速蓝牙三种模式。

2013 年:蓝牙 4.1。在传输速度和传输范围上变化很小,但在软件方面支持与 LTE 无缝协作,自动协调两者的传输信息,确保协同传输,降低相互干扰。

2014 年:蓝牙 4.2。传输速度更加快速,比上代提高了 2.5 倍,容纳的数据量也相当于此前的 10 倍左右,而且蓝牙信号想要连接或者追踪用户设备,必须经过用户许可。

2016 年:蓝牙 5.0。在低功耗模式下具备更快更远的传输能力,传输速率是蓝牙 4.2 的两倍(速度上限为 2Mbit/s),有效传输距离是蓝牙 4.2 的四倍(理论上可达 300m),数据包容量是蓝牙 4.2 的八倍,而且支持室内定位导航功能,结合 WiFi 技术可以实现精度小于 1m 的室内定位。

(2) 工作原理　蓝牙由底层硬件模块、中间协议层和高层应用三大部分构成。

1) 底层硬件模块由基带、跳频和链路控制单元组成,基带用于完成蓝牙数据和跳频的传输;无线调频层是不需要授权的通过 2.4GHz ISM 频段的微波,实现数据流传输和过滤;链路控制单元用于实现链路建立、连接和拆除的安全控制。

2) 中间协议层。主要包括服务发现协议、逻辑链路控制和适应协议、电话通信协议和串口仿真协议四个部分,服务发现协议层提供上层应用程序一种机制,以便于使用网络中的服务;逻辑链路控制和适应协议负责数据拆装、复用协议和控制服务质量,是其他协议层作用实现的基础。

3) 高层应用。位于协议层最上部的框架部分,主要有文件传输、网络、局域网访问,通过相应的应用程序在一定的应用模式实现无线通信。

当蓝牙设备之间想要相互交流时,首先进行配对创建网络环境,一台设备作为主设备,所有其他设备作为从设备。配对搜索称为短程临时网络模式，也被称为微微网。微微网在蓝牙设备加入和离开无线电短程传感时动态、自动建立。

（3）汽车领域应用　蓝牙技术的应用主要有车载蓝牙电话、车载蓝牙音响、车载蓝牙后视镜、汽车虚拟钥匙、获取车辆信息（胎压、续驶、位置等）、穿戴设备监测人体状态（血压、脉搏、酒精监测等）并与车辆信息交互等。

1）车载蓝牙电话。专为行车安全和舒适性而设计，主要功能包括：自动辨识移动电话，不需要电缆或电话托架便可与手机联机；驾驶人不需要触碰手机便可控制手机，用语音指令控制接听或拨打电话；驾驶人可以通过车上的音响或蓝牙无线耳麦进行通话。车载蓝牙电话可以保证良好的通话效果，并支持任何厂家生产的内置蓝牙模块的手机，如图7-1-10所示。

2）车载蓝牙音响。是一种基于稳定的、高度通用的蓝牙技术为基础的无线有源音箱，内设锂电池，可以随时充电，使用方便快捷，如图7-1-11所示。具有体积小巧，可牢牢固定在车内某一合理位置的优点。

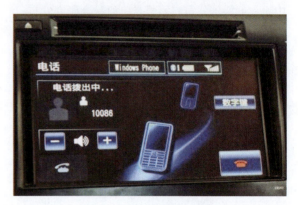

图 7-1-10　车载蓝牙电话

3）车载蓝牙后视镜。车载蓝牙后视镜可通过蓝牙技术与手机相连，手机来电话时，后视镜显示来电信息，还可集成免提通话功能，如图7-1-12所示。

图 7-1-11　车载蓝牙音响

图 7-1-12　车载蓝牙后视镜

1. RFID技术也称为射频识别技术（Radio Frequency Identification），通过无线射频方式结合数据访问技术，进行非接触双向数据通信，利用无线射频方式通过电磁波实现对电子标签进行读写，以实现识别目标和数据交换的目的。

2. NFC技术也称为近场通信（Near Field Communication），是一种高频无线通信技术，允许电子设备之间进行非接触式点对点数据传输（在10cm内）交换数据、图片和视频信息。

3. WiFi技术是一种创建于IEEE 802.11标准的无线局域网技术，实质上是WiFi联盟制造商的商业认证，具有覆盖范围广、传输速率快、安装和建设成本低的优势，通常使用2.4G UHF或5G

SHF ISM 射频频段。

4. 蓝牙技术也称为 Bluetooth，是一种支持移动电话、掌上电脑、无线耳机、智能汽车以及相关外设等设备不必借助电缆就能联网，组成一个巨大的无线通信网络进行近距离通信的技术。

任务二　中短距离通信技术认知

学习目标

1. 掌握 DSRC、LTE-V 通信技术的概念
2. 理解 DSRC、LTE-V 通信技术的工作原理及特点
3. 了解中短距离通信技术的应用场景

理论知识

一、DSRC 技术

（1）概念　DSRC 技术是 Dedicated Short Range Communication 简称，即专用短程通信技术，是由 IEEE 802.11p 底层通信协议与 IEEE 1609 系列标准所构成的技术，由美国主导，福特、丰田等车企推动，具备低传输延迟特性，以提供车用环境中短距离通信服务。IEEE802.11p 解决了在高速移动环境中数据的可靠低时延传输问题。IEEE1609 系列规范阐释了 V2X 通信的系统架构、资源管理和安全机制等。该技术可以实现小范围内图像、语音和数据的实时、准确和可靠地双向传输，将车辆和道路有机连接，专门用于道路环境的车辆与车辆、车辆与基础设施、基础设施与基础设施间通信距离有限的无线通信方式，是智能网联汽车系统最重要的通信方式之一。

2014 年 2 月，美国交通部提出将大力支持 DSRC 在轻型车辆上的应用，并由美国国会、交通部、IEEE、公路交通安全管理局以及各大车企推进了 DSRC 的立法工作，要求至 2023 年新生产的车辆都需要以 DSRC 作为 V2V 车辆安全标准。

（2）工作原理　与 WiFi、蓝牙等其他通信技术采用的共享开放 2.4GHz 频带不同，DSRC 技术专属的交通安全频谱位于 1999 年美国联邦通信委员会（FCC）分配给汽车通信使用的 5.9GHz 频带的一段 75MHz 的带宽，被分为 7 个频道，目标的通信范围可达 1km 内。如图 7-2-1 所示，每辆车都会在信道 172 中，以 10~20 次/s 的频率，交互 DSRC 基础安全信息。紧急信息则会在信道 184 中，以更高的优先级进行传播。每一条基础安全信息都包含两部分信息，第一部分信息是强制性信息，包括位置、速度、方向、角度、加速度、制动系统状态和车辆尺寸；第二部分是可选信息，例如防抱死制动系统状态、历史路径、传感器数据和转向盘状态等。

图 7-2-1　DSRC 技术频道的划分

DSRC 技术主要由车载单元（On Board Unit，OBU）和路旁部署的路侧单元（Road-Side Unit，RSU）两个部分组成。通过 OBU 与 RSU 之间的无线通信实现路网与车辆之间的双向信息交流，将

车辆与道路有机地连接在一起，如图 7-2-2 所示。

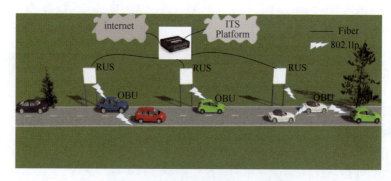

图 7-2-2　DSRC 系统的组成示意图

OBU 是具有微波通信功能和信息存储功能的移动识别设备，既可以作为独立的数据载体制成电子标签，也可以附加智能卡读写接口，实现数据存储和访问控制。RSU 是 OBU 的读写控制器，由加密电路、编码解码器和微波通信控制器等组成，以 DSRC 通信协议的数据交换方式和微波无线传递手段实现信息交换。

根据信息调制方式的不同，DSRC 分为主动式和被动式两种。主动式又称为收发器系统，OBU 和 RSU 均有振荡器，用于发射电磁波，当 RSU 向 OBU 发射询问信号后，OBU 利用自身的电池能量发射数据给 RSU。被动式又称为异频收发系统，由 RSU 发射电磁信号，OBU 接收电磁信号激活后进入通信状态，并以一种切换频率反向发送给 RSU，被动式的 OBU 可以有电源也可以没有电源。

(3) 优缺点　DSRC 具有易于部署、低成本和原生的自组织网络支持等优点。而且，针对 V2X 通信的终端高速移动和数据传输的高可靠、低延时等需求进行了优化，适合应用在 V2X 场景，尤其是一些和安全相关的交通场景。

与此同时，DSRC 也存在以下缺点：第一，车辆接入互联网的路侧设备覆盖问题。如果汽车需要接入互联网，必须依靠连接到互联网的路侧 DSRC 终端的支持，这需要在路侧大量布置能够接入互联网的终端设备；第二，考虑车辆高速移动的环境下复杂的网络拓扑结构，数据包的多级连跳通信以及路由问题削弱了 DSRC 高可靠和低延时的性能；第三，DSRC 在高密度场景下，车辆之间的信道接入竞争会变得非常强烈，从而导致通信延迟增加和传输速率下降；第四，由于 DSRC 路侧设施投入大，商业盈利模式尚未明确。

(4) 应用　DSRC 技术的应用，在国内主要以车与路通信中的 ETC 不停车收费系统为代表，如图 7-2-3 所示。车辆经过特定的 ETC 车道，通过 OBU 与 RSU 的通信，在无须停车和收费人员采取任何操作的情况下，自动完成收费过程。此外，DSRC 应用还可以实现电子地图下载和交通调度等。

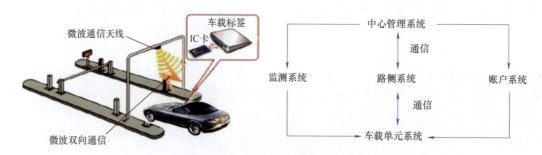

图 7-2-3　ETC 不停车收费系统示意图

DSRC 通信终端包括的 OBU 和 RSU 两大部分硬件如图 7-2-4 所示。

图 7-2-4　DSRC ETC 不停车收费系统设备

二、LTE-V 技术

（1）概念　LTE-V 技术是大唐电信基于 TD-LTE 技术而推出的具有中国自主知识产权的车载中短距离通信技术，支持在车辆与车辆（V2V）、车辆与基础设施（V2I）、车辆与行人（V2P）之间快速组网，构建数据共享交互桥梁，如图 7-2-5 所示。

图 7-2-5　LTE-V 技术

LTE-V 能重复使用现有的蜂巢式基础建设与频谱，营运商不需要重新进行基础设施建设以及提供专用频谱，组网成本可以大幅降低，主要解决交通实体之间的"共享传感"（Sensor Sharing）问题，可将车载探测系统（如雷达、摄像头）从数十米视距范围扩展到数百米以上以及非视距范围，实现在相对简单的交通场景下的辅助驾驶。

（2）分类及工作模式　LTE-V 技术包括集中式（LTE-V-Cell）和分布式（LTE-V-Direct）两种，如图 7-2-6 所示。其中，LTE-V-Cell 需要基站作为控制中心，实现大带宽、大覆盖通信，定义车辆与路侧通信单元以及基站设备的通信方式；LTE-V-Direct 则是可以无须基站作为支撑，可直接实现车辆与周边环境节点低时延、高可靠通信。LTE-V-Cell 的传输带宽最高可扩展至 100MHz，峰值速率上行 500Mbit/s，下行 1Gbit/s，用户面时延 ≤10ms，控制面时延 ≤50ms，支持车速 500km/h，在 5G 时代演进成 C-V2X 技术，主要由电信企业推动。

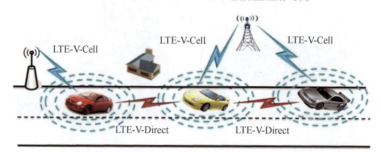

图 7-2-6　LTE-V 技术分类

LTE-V 技术分为 Uu 和 PC5 两种接口。其中，Uu 为"接入网-终端"通信模式，通过基站进行终端之间的通信；PC5 为"用户终端-用户终端"空口短距直传通信模式，不需要通过基站即可完成终端之间的通信。相对于普通 LTE，LTE-V 增加了端到端的直接通信能力，这使 LTE-V 能够满足于 V2X 的低延时通信要求。

（3）特点

优点：基于现有的移动蜂窝网络，部署简单。部署时只需要在现在的 LTE-V 基站中增加一些设备，不需要额外建设基站；覆盖范围广，可实现无缝覆盖；传输更可靠；3GPP 持续演进，未来可支持更高级的车路协同业务需求；网络运营模式灵活，盈利模式多样化。

缺点：当前的技术成熟度较低；蜂窝基础设施的中继性质，会导致在时间敏感的车辆操作中存在安全隐患；LTE-V 应用于车车主动安全与车辆智能驾驶的 V2X 应用时，其网络通信性能还需要充分的测试验证。

（4）应用　LTE-V 技术可应用于交叉路口的会车避让、紧急车辆优先通行、前方车辆的紧急制动告警以及多车的编队自动驾驶，如图 7-2-7 所示。

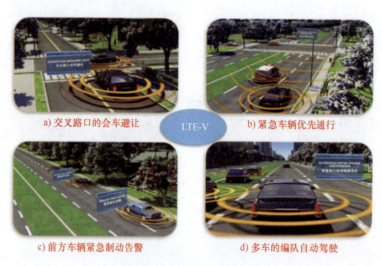

图 7-2-7　LTE-V 技术应用

2018 年 9 月 15—18 日在无锡召开的世界物联网博览会上，奥迪、大众、一汽、东风、长安、上汽等汽车厂商，采用搭载华为 LTE-V（基于移动通信技术演进形成的车联网无线通信技术）车载终端的汽车，进行了 V2X 智慧交通场景演示。华为 LTE-V 车载终端成为国内首个在开放道路上成功应用的 LTE-V 车联网终端，通过集成千寻位置的亚米级定位服务及融合惯导算法，为汽车提供了车道级的定位能力。

华为 LTE-V 通信终端包括 OBU 和 RSU 两大部分硬件，如图 7-2-8 所示。

a) OBU　　　　　　　　　　b) RSU

图 7-2-8　华为 LTE-V 通信终端

学习小结

1. DSRC 技术是专用短程通信技术，是由 IEEE 802.11p 底层通信协议与 IEEE 1609 系列标准所构成的技术，由美国主导，福特、丰田等车企推动，具备低传输延迟特性，以提供车用环境中短距离通信服务。

2. LTE-V 技术是大唐电信基于 TD-LTE 技术而推出的中国自主知识产权的车载短距离通信技术，是专门为车间通信而设计的通信技术，包括集中式（LTE-V-Cell）和分布式（LTE-V-Direct）两种技术。

任务三　远距离通信技术认知

学习目标

1. 掌握卫星通信及 5G 移动通信技术的概念
2. 理解卫星通信及 5G 移动通信技术的组成及特点
3. 了解远距离通信的应用场景

理论知识

一、卫星通信技术

（1）概念　卫星通信技术（Satellite Communication Technology）是指利用人造地球卫星作为中继站转发无线电波，以达到在两个或多个地球站之间进行通信的目的。卫星通信具有覆盖范围广、通信容量大、传输质量好、组网方便迅速、便于实现全球无缝连接等众多优点，被认为是建立全球通信的一种必不可少的重要手段。

（2）组成及特点　卫星通信系统是由通信卫星和经该卫星连通的地面端两部分组成。运行在赤道上空 35860km 高度上的静止通信卫星是目前全球卫星通信系统中最常用的星体。此类卫星的运转方向与地球自转方向一致，而且运转周期正好等于地球的自转周期，始终保持与地球的同步运行状态。其波束最大覆盖面可以达到地球表面总面积的 1/3 以上，仅需等间隔放置的三颗通信卫星即可实现全球范围的通信。地面端是通信卫星与地面公众网的接口，可用于出入卫星系统形成数据通信链路，供用户使用。

卫星通信技术具有以下六个方面的特点：

① 覆盖区域大，通信距离远。由于卫星距离地面远，所以覆盖地球区域大，是远距离越洋电话和电视广播的主要手段。

② 具有多址连接功能。卫星所覆盖区域内的所有地球站都能利用同一卫星进行相互间的通信。

③ 频段宽，容量大。采用微波频段，每个卫星上可设置多个转发器，通信容量很大。

④ 机动灵活。地球站的建立不受地理条件的限制，可建在边远地区、汽车上。

⑤ 通信质量好，可靠性高。电波主要在自由空间传播，噪声小，通信质量好。

⑥ 通信的成本与距离无关。卫星通信的地球站至卫星转发器之间不需要线路投资，其成本与距离无关。

（3）应用 在智能交通系统中，卫星通信技术主要应用于全球卫星定位系统 GPS 导航、车辆定位、车辆跟踪及交通管理，向驾驶人提供出行线路的规划和导航、信息查询以及紧急援助等，如图 7-3-1 和图 7-3-2 所示。

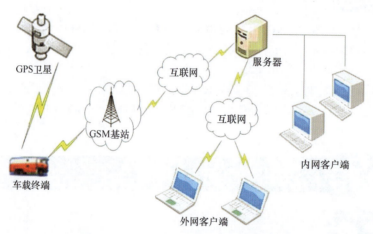

图 7-3-1 智能交通系统中的卫星通信技术

二、5G 移动通信技术

（1）概念 5G 移动通信技术，即第五代移动通信技术（5th Generation Mobile Networks），简称为 5G 技术，是最新一代蜂窝移动通信技术。5G 技术是对包括 3G、4G 技术在内的现有通信技术的更新，是 4G 网络的延伸。网络延迟低于 1ms，数据传输速率可达 10Gbit/s，比 4G LTE 网络快 100 倍。

如图 7-3-3 所示，5G 移动通信技术的供应商将覆盖的服务区域划分为许多蜂窝小地理区域，以数字信号的方式传输声音和图像等其他数据。5G 设备通过无线电波与蜂窝中的本地天线阵和低功率自动收发器进行通信。当用户从一个蜂窝穿越到另一个蜂窝时，移动设备将自动"切换"到新的蜂窝中。

图 7-3-2 车载 GPS 导航和定位

项目七　车联网及通信技术

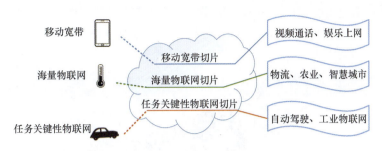

图 7-3-3　5G 网络切片

（2）组成及特点　在 5G 网络中，接入网由集中单元（Centralized Unit，CU）、分布单元（Distribute Unit，DU）和有源天线单元（Active Antenna Unit，AAU）三个部分组成。与 4G 网络的对比如图 7-3-4 所示。

CU，是由 4G 网络基站中负责信号调制 BBU 的非实时部分分割构成的，负责处理非实时协议和服务。

AAU，是由 4G 网络基站中负责信号调制 BBU 的部分物理层处理功能与负责射频处理 RRU 及无源天线合并构成的。

DU，是由 4G 网络基站中负责信号调制 BBU 的剩余功能重新定义构成的，负责处理物理层协议和实时服务。

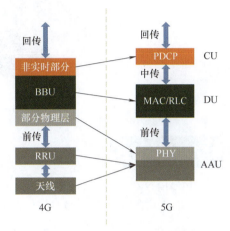

图 7-3-4　5G 与 4G 网络的组成对比图

5G 通信技术正朝着网络多元化、宽带化、综合化和智能化的方向发展，具有高数据速率、超低延迟、节省能源、降低成本、系统容量高和允许大规模设备连接的特点。

（3）应用　2019 年，湘湖国家旅游度假区管委会联合中国移动杭州分公司召开湘湖 5G 智能网联无人驾驶车发布会，当天同时亮相的无人驾驶车是国内首个在景区开放道路上实现的 5G 智能网联驾驶应用。该无人车基于移动 5G 通信和网联自动驾驶技术，可实现车辆自动驾驶能力，包括循迹自动驾驶、行人识别和动态避障、区域动态限速、交通信号灯通行、超视距、车辆动态调度等场景，同时还具有远程驾驶功能（图 7-3-5），可根据场景需求，完成自动或远程驾驶实时接管，以及网联后台的监控与管理的功能场景。在平台端，采用"云-边缘-终端"三层架构，设计车路协同智能无人驾驶分级决策平台，通过人、车、路、云端等的信息交互实现了边缘计算服务能力、高精度定位服务能力、五维时空服务能力，为自动驾驶汽车智能决策、协同控制提供信息服务，进而实现不同等级智能驾驶及智慧交通。

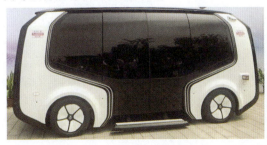 

图 7-3-5　5G 远程驾驶

103

2019 年，"5G 赋能、智造未来——智慧矿区无人驾驶应用发布会"上，中国移动和包钢集团展示了其合作研发的"5G 技术＋无人驾驶矿车项目"，基于 5G 技术打造了智慧矿区，是全国乃至全球首个 5G 技术成功的应用，如图 7-3-6 所示。

图 7-3-6　5G 无人驾驶矿车

1. 卫星通信技术（Satellite Communication Technology）是指利用人造地球卫星作为中继站转发无线电波，以达到在两个或多个地球站之间进行通信的目的，具有覆盖范围广、通信容量大、传输质量好、组网方便迅速、便于实现全球无缝连接等众多优点。

2. 5G 移动通信技术，即第五代移动通信技术（5th Generation Mobile Networks），简称为 5G 技术，是最新一代蜂窝移动通信技术，供应商将覆盖的服务区域划分为许多蜂窝小地理区域。

任务四　车用 CAN 通信技术认知

1. 掌握 CAN 通信技术的概念和组成
2. 了解 CAN 通信技术的应用

车用 CAN 通信技术

一、CAN 通信技术的概述

车用总线技术，随着汽车内部 ECU 的大量引入而产生，用于车载网络中底层的车用设备或车用仪表互联。

CAN 是 Controller Area Network 的缩写，称为控制单元的局域网，是 ISO 国际标准化的串行通信协议，是车用控制单元传输信息的一种传送形式。由于汽车上各种各样的电子控制系统之间通信所用的数据类型及对可靠性的要求不尽相同，为适应"减少线束的数量""通过多个 LAN，进行大量数据的高速通信"的需要，1986 年德国电气商博世公司开发出面向汽车的 CAN 通信协议，并通过 ISO11898 及 ISO11519 进行了标准化。

项目七 车联网及通信技术

CAN 通信技术的控制单元采用铜缆串行连接方式,如图 7-4-1 所示。由于控制器采用串行合用方式,因此不同控制器之间的信息传送方式是广播式传输,每个控制单元不指定接收者,均把所有的信息向外发送;由接收控制器自主选择是否需要接收这些信息。

图 7-4-1　CAN 通信总线

二、CAN 系统的组成

CAN 数据传输系统中每块 ECU 的内部包含一个 CAN 控制器、一个 CAN 收发器,每块 ECU 的外部连接两条 CAN 数据总线,系统中作为终端的两块 ECU 内部各包含一个数据传递终端,如图 7-4-2 所示。

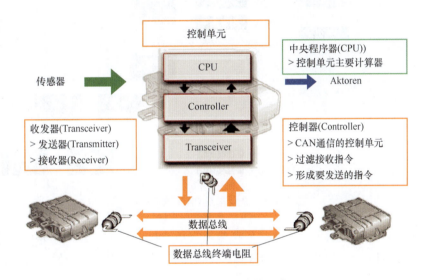

图 7-4-2　CAN 系统的组成

(1) CAN 控制器　控制器的基本功能是作为一个运算器,得到传感器、使用者的操作以及其他控制器的信息,运用相应的程序进行运算或评价,并且以此次结果来实现与其连接执行器的功能,乃至将有关信息发送给其他控制器。

以空调控制器为例,它接收到乘员的温度调节需求和温度传感器的数值,比较两者的差异,确定空调系统中各风门的开度,同时将有关数据显示在屏幕上,并将信息传给网络中的其他控制器,如发动机控制器。因此,在网络中控制器不是独立工作的,而是作为一个整体,互通信息、无摩擦地协调工作。

(2) CAN 收发器　CAN 收发器安装在控制器内部,是一个发送器和接收器的组合,它将 CAN 控制器提供的数据转化为电信号并通过数据总线发送出去,同时也接收总线数据,并将数据传到 CAN 控制器。

(3) 数据传输终端　数据传输终端是一个电阻,防止数据在线端被反射,以回声的形式返回,影响数据的传输。

(4) 数据传输线　CAN 数据总线是用以传输数据的双向数据线,一般是双绞线,分为 CAN 高位(CAN-high)和 CAN 低位(CAN-low),可以双向传递数据。采用双绞线自身校验的结构,既可以防止电磁干扰对传输信息的影响，也可以防止本身对外界的干扰。

三、CAN 通信技术的应用

CAN 通信技术为车辆的动力（驱动）系统、舒适系统、信息系统、仪表系统和诊断系统提供通信支持。图 7-4-3 所示为大众车系 CAN 通信网络。

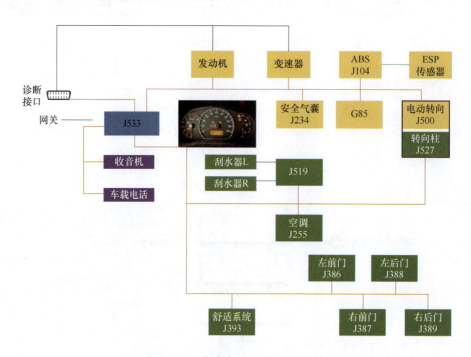

图 7-4-3　大众车系 CAN 通信网络

（1）驱动 CAN 总线　驱动 CAN 总线的传输速率为 500kbit/s，也称为高速 CAN 总线。驱动 CAN 数据总线的控制单元包括发动机控制单元、ABS 控制单元、ESP 控制单元、变速器控制单元、安全气囊控制单元以及组合仪表。

与所有的 CAN 导线一样，驱动 CAN 数据总线也是双线式数据总线，控制单元通过驱动 CAN 数据总线的 CAN-high 和 CAN-low 线来进行数据交换。控制单元循环往复地发送消息，信息的重复率一般为 10~25ms。

（2）舒适 CAN 总线　舒适 CAN 数据总线的速率为 100kbit/s，也称为低速 CAN 总线。舒适 CAN 数据总线控制单元包括全自动空调/空调控制单元、车门控制单元、舒适控制单元、收音机和导航显示控制单元。

同时，也为无人车上的毫米波雷达、Mobileye、VCU 等传感器信号的传递提供途径，在整个无人驾驶系统的"感知→融合→规划→控制"过程中起着十分重要的作用。

1. CAN 是 Controller Area Network 的缩写，称为控制单元的局域网，是 ISO 国际标准化的串行通信协议，是车用控制单元传输信息的一种传送形式。

2. CAN 数据传输系统中每块 ECU 的内部包含一个 CAN 控制器、一个 CAN 收发器，每块 ECU 的外部连接两条 CAN 数据总线。

任务五　车联网及通信技术应用认知

1. 掌握车路协同控制、多车列队协同控制的概念
2. 掌握车路协同控制、多车列队协同控制的实现方式
3. 了解基于车路协同控制的典型场景

车联网及通信
技术应用

一、车路协同控制

（1）概述　车路协同控制是指基于无线通信、传感探测等技术经行车路信息获取，通过车-车、车-路信息交互和共享，实现车辆和基础设施之间智能协同与配合，达到优化利用系统资源、提高道路交通安全、缓解交通拥挤的目标。

（2）实现方式　基于车联网技术的车路协同系统总体上由车载感知子系统、路侧感知子系统、数据传输子系统、数据处理及预警子系统、交通控制与信息发布子系统五部分组成，各子系统的共同作用实现车路协同。

车载感知子系统是由安装在车辆上的各种车辆运行参数传感器、车载摄像头和雷达、GPS卫星定位装置以及车载微处理单元等组成的。该子系统又分为车辆感知模块、环境感知模块和 GPS 定位模块三部分，如图 7-5-1 所示。

图 7-5-1　车载感知子系统

路侧感知子系统是由安装在道路上的地磁、超声波、红外、RFID、信标、视频检测器和道路气象站、路面路况检测器等组成的，该子系统又分为道路交通感知模块、道路气象感知模块和路面状况感知模块三部分。道路交通感知模块如图 7-5-2 所示。

图 7-5-2　道路交通感知模块

车载通信模块 OBU、路侧通信模块 RSU、移动通信基站以及其他通信设施共同组成数据传输

子系统,用于实现短距离无线通信及远距离有线或无线通信与数据传输。

在交通管理中心,各种信息处理设备及显示、报警装置等组成了数据处理和预警子系统。该子系统分为数据处理模块、预警和报警模块。

交通控制与信息发布子系统是由安装在道路沿线的信号控制装置、可变信息板、路旁广播以及车载信息提示与发布装置等组成的,如图 7-5-3 所示。

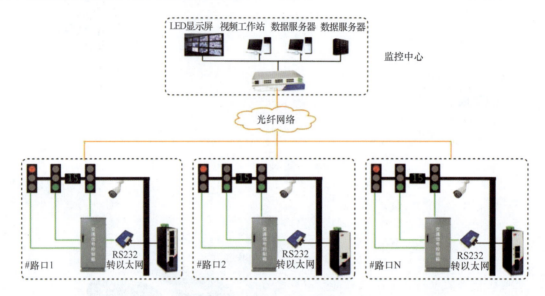

图 7-5-3 交通控制与信息发布子系统

系统的上述五个子系统紧密联系,相互协调,将人、车、路、环境和谐统一,共同形成一个基于车联网技术的有机的车路协同整体,从而实现车路协同系统的总体目标与功能。

(3) 典型应用场景 车路协同需要投入一定费用进行基础设施建设,包括建设 RSU,当然作为 5G 最主要的应用,RSU 可以随着我国城市大规模进行 5G 试验网络一同建设,应用于特定的场景,如公共交通、货运车、特种车辆(救护车、消防车、公务车等)等的车路协同。

1) 交叉口车路协同控制。交叉口车路协同控制的本质是依据实时交通状况对交叉口中冲突点的通行时空资源进行合理分配,最终实现减少车辆在交叉口的等待时间,提高交叉口通行效率的目的。

车辆通过交叉口车路协同示意图如图 7-5-4 所示。在路口布设 RSU,RSU 接收附近智能联网汽车的信息和从云端接收数据中心的数据,并不断向附近的所有联网车辆广播其间发生的相关事情的信息,从而提前警告他们潜在的安全问题同时在智能环境感知系统本身对道路观察的基础上提供进一步的信息。智能联网汽车接收到 RSU 发出的信息后对自动驾驶进行调整,同时将自己的数据发送给 RSU。RSU 与 OBU 建立连接后,OBU 向 RSU 发送包括车辆速度、车辆位置的车辆状态消息。RSU 收到车辆状态消息后进行解析处理,实现对车辆运行参数的实时监测,然后根据监测数据判定交叉口当前安全等级,并将判定结果与当前交叉口动态信息(当前信号灯状态、信号保持时间等)打包为交叉口状态消息或预警消息后实时向处于其通信队列的车载单元发送,其中预警消息定向发布至潜在事故车辆,提醒其调整驾驶行为,避免事故发生;状态消息以广播方式发布,接收到消息的非事故车辆根据状态消息调整驾驶行为。

2) 智慧公交车路协同控制。利用车路协同技术提升智能公交管理水平,沿公交专用道部署 RSU,可以实现公交专用道沿线的网络覆盖,形成智能公交车联网。公交车辆安装 OBU,交通信号控制系统可监测到公交车辆到达,为公交车辆提供信号优先服务。公交优先通过路口协同控制如图7-5-5所示。

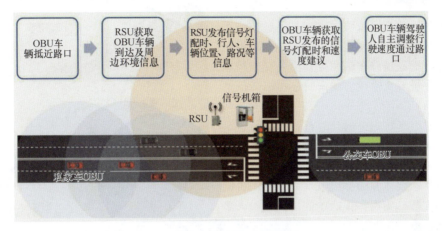

图7-5-4　车辆通过交叉口车路协同示意图

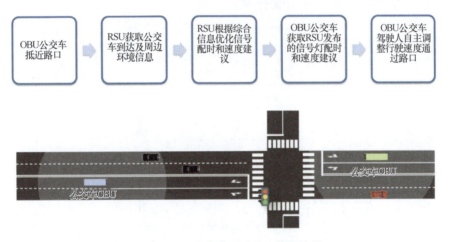

图7-5-5　公交优先通过路口协同控制

在都市区的公交专用车道上，公交车辆较多，公交车辆行驶安全性和效率问题都十分突出，车路协同系统可为公交车辆提供车队行驶服务，减小车辆间隔，提高公交车辆的通行能力，并为公交车辆提供主动安全服务，如图7-5-6所示。

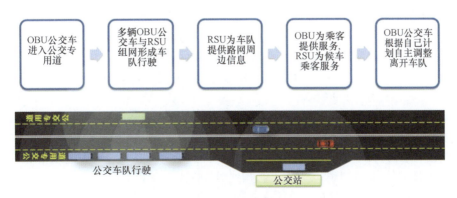

图7-5-6　公交车队行驶车路协同控制

二、多车列队协同控制

（1）概述　多车列队协同控制是通过控制手段实现自动驾驶汽车自动组队，以较小间距沿相同路径行驶，提高道路车辆密度，简化交通控制复杂程度，在缓解交通压力的同时还可以降低油耗，节约能源。

智能网联汽车将先进的计算机技术、信息采集与通信技术和无人驾驶车辆技术集成在一起，基于感知车辆及车队周围的环境信息，通过车辆队列和单体车辆整体和局部决策规划，利用协同控制策略和方法，实现多智能体的协同驾驶。多车列队协同如图7-5-7所示。

图 7-5-7　多车列队协同

（2）实现方式　多车列队协同驾驶系统主要由交通控制层、车辆管理层和车辆控制层构成，如图7-5-8所示。

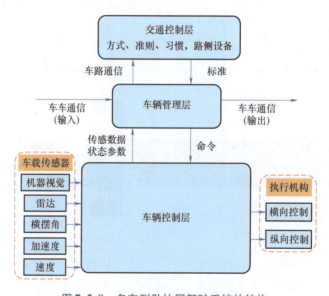

图 7-5-8　多车列队协同驾驶系统的结构

交通控制层位于路侧，搭建的路侧设备，如可变情报板、标示牌和通信设备等，均用于支持车辆的协同驾驶；制定的基本准则，如规则、规定和行为方式等，均用于指导车辆的协同驾驶。车辆管理层和车辆控制层位于车载端，用于协同驾驶策略的决策与执行。

车辆控制层架构是采用分层设计的方式，由数据收发单元、协同轨迹规划单元和自车轨迹跟踪单元三部分组成，如图7-5-9所示。

这里以常见的多车队列协同换道为例，讲述多车列队协同控制实现方式。首先，数据接收单元根据车辆信息进行处理，并进行轨迹规划后将信息发送。场景中各个车辆根据自车的传感器（如GPS、速度传感器、加速度传感器、横摆角速度传感器等）获得自车的位置、速度、横摆角（或者横摆角速度）等自车的状态变量，并根据地图信息计算得出自车所在车道、车道宽度、车辆与车道中线的夹角等数据。通过车车通信将其和换道决策信息发送到协同轨迹规划车辆。在协同轨迹规划车辆上，一方面，数据处理模块凭借地图信息，计算得到车辆之间的相对距离和速度等信息；根据车辆的换道决策划分为换道车辆和直行车辆，并将相关信息传递到协同轨迹规划层，为其提供相关数据。另一方面，无线通信发射模块把规划好的车辆轨迹发送到各个车辆。

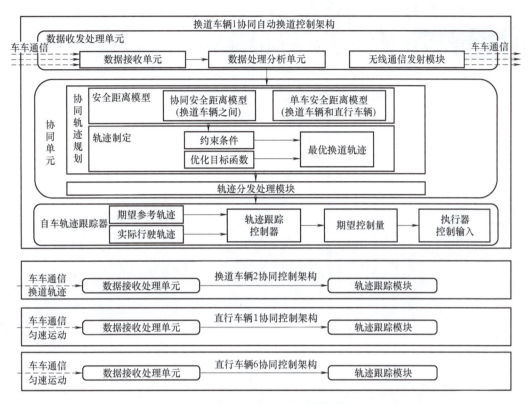

图 7-5-9　多车列队协同控制架构

协同轨迹规划层根据两辆换道车辆原始车道和目标车道，进行协同轨迹规划，得到多条换道车辆时间位置序列。协同轨迹规划层包括安全距离模型和轨迹制定两个方面。安全距离模型分为换道车辆之间安全距离模型和换道车辆与直行车辆之间的安全距离模型。前者保证换道车辆之间的安全性，后者保证换道车辆与直行车辆之间的安全性。轨迹制定以车辆换道的舒适性和安全性等为目标，以安全距离模型和动力学限制为约束，制定两条安全、舒适和高效的换道轨迹。轨迹制定后，将规划轨迹信息分类，通过数据收发模块分别发送给各个换道车辆和直行车辆。

自车轨迹跟踪器根据车辆收到的规划轨迹信息，进行实时跟踪，实现协同换道。协同轨迹规划车辆的轨迹跟踪器直接从轨迹规划层得到参考轨迹信息进行跟踪；其他车辆通过车车通信获得规划轨迹，经数据收发处理单元后，直接下发给轨迹跟踪器进行轨迹跟踪。

1. 车路协同控制是指基于无线通信、传感探测等技术经行车路信息获取，通过车-车、车-路信息交互和共享，实现车辆和基础设施之间智能协同与配合，达到优化利用系统资源、提高道路交通安全、缓解交通拥挤的目标。

2. 基于车联网技术的车路协同由车载感知子系统、路侧感知子系统、数据传输子系统、数据处理及预警子系统、交通控制与信息发布子系统五个部分共同作用实现。

3. 多车列队协同控制是通过控制手段实现自动驾驶汽车自动组队，以较小间距沿相同路径行驶，在缓解交通压力的同时还可以降低油耗，节约能源。

4. 智能网联汽车将先进的计算机技术、信息采集与通信技术和无人驾驶车辆技术集成在一起，基于感知车辆及车队周围的环境信息，通过车辆队列和单体车辆整体和局部决策规划，利用协同控制策略和方法，实现多智能体协同驾驶。

课后习题

一、不定项选择题

1. 下列（　　）属于近距离通信技术。
   A. RFID　　　　B. NFC　　　　C. WiFi　　　　D. GPS

2. 下列（　　）属于中短距离通信技术。
   A. RFID　　　　B. DSRC　　　　C. LTE-V　　　　D. GPS

3. 下列（　　）属于远距离通信技术。
   A. RFID　　　　B. 5G　　　　C. LTE-V　　　　D. 卫星通信

二、填空题

1. 根据车联网主要应用场景及通信距离，将其分为_____离通信技术、_____通信技术、_____通信技术以及_____通信技术。

2. DSRC 技术主要由_____（On Board Unit，OBU）和路旁部署的_____（Road-Side Unit，RSU）两个部分组成。

3. LTE-V 技术包括_____和_____两种。

4. CAN 数据传输系统中每块 ECU 的内部包含一个_____，一个_____，每块 ECU 的外部连接两条_____，系统中作为终端的两块 ECU 内部各包含一个_____。

5. CAN 数据总线是用以传输数据的双向数据线，一般是双绞线，分为_____和_____，可以双向传递数据。

三、思考题

1. 简述 RFID、NFC、WiFi、蓝牙通信技术的概念和工作原理。
2. 简述 DSRC、LTE-V 通信技术的概念和工作原理。
3. 简述卫星通信及 5G 移动通信技术的概念和工作原理。
4. 简述车路协同控制、多车队列协同控制的概念及实现方式。

项目八 先进驾驶辅助系统

任务一 先进驾驶辅助系统整体认知

学习目标

1. 了解先进驾驶辅助系统的概念
2. 了解先进驾驶辅助系统的主要类型

理论知识

一、先进驾驶辅助系统的概念

先进驾驶辅助系统(Advanced Driver Assistance Systems,ADAS)又称为高级驾驶辅助系统,是指利用安装在车辆上的传感器、通信、决策及执行等装置,监测驾驶人、车辆及其行驶环境,并通过影像、灯光、声音、触觉提示/警告或控制等方式辅助驾驶人执行驾驶任务或主动避免/减轻碰撞危害的各类系统的总称。

在 ADAS 中,通常融合多个传感器信息实时感知周边环境,为车辆计算系统提供精准的路况数据、障碍物和道路标线等相关信息。软件系统根据传感器的输入实时构建汽车周围环境的空间模型或计算行驶的危险级别。接着,将输出提供给驾驶人或指定系统应如何预警或主动干预车辆控制。图 8-1-1 所示为 ADAS 在汽车上的应用以及不同类型传感器在 ADAS 中的应用范围。

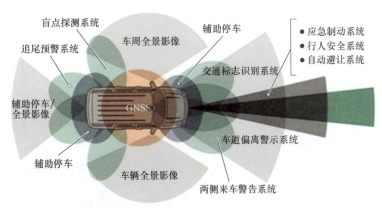

图 8-1-1 ADAS 在汽车上的应用以及不同类型传感器在 ADAS 中的应用范围

二、ADAS 的类型

按照功能的不同，ADAS 可分为改善视野类 ADAS、预警类 ADAS、自主控制类 ADAS 及其他类型 ADAS。

（1）改善视野类 ADAS　改善视野类 ADAS 是指通过环境感知传感器、V2X 通信技术等扩大驾驶人视野范围，从而提高驾驶人视野较差环境下行车安全的驾驶辅助系统，包括夜视辅助系统、全景影像监测系统和自适应照明系统等。如图 8-1-2 所示，自适应前照明系统通过感知道路状况和行驶信息等，调节不同照明模式，使近光灯光轴在水平方向上与转向盘转角联动进行左右转动，在垂直方向上与车高联动进行上下摆动的灯光随动系统。

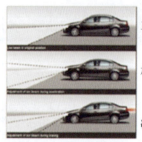

a）上下调节功能　　　　　b）左右调节功能

图 8-1-2　自适应前照明系统

（2）预警类 ADAS　预警类 ADAS 是指自动监测车辆可能发生的危险并提醒驾驶人，从而防止发生危险或减轻事故伤害的驾驶辅助系统，包括车道偏离预警系统、前向碰撞预警系统和盲区监测系统等。如图 8-1-3 所示，车道偏离预警系统通过安装在内视镜附近的摄像头检测前方车道线，并计算出本车与车道线的实时距离，从而判断车辆是否偏离车道。当发现车辆在无换道意图即将偏离本车车道时，通过报警或振动等方式提醒驾驶人。

图 8-1-3　车道偏离预警系统

（3）自主控制类 ADAS　自主控制类 ADAS 是指自动监测车辆可能发生的危险并提醒，必要时系统会主动介入车辆，通过控制车辆的横向、纵向运动防止发生危险或减轻事故伤害的驾驶辅助系统，包括车道保持辅助系统、自动紧急制动系统、自适应巡航控制系统和换道辅助系统等。如图 8-1-4 所示，自动紧急制动系统利用车载传感器（如雷达、摄像头等）探测本车前方的车辆、行人及其他障碍物，并检测本车运动状态及其与前方障碍物之间的相对距离和相对速度等信息，实时判断是否存在碰撞危险。如存在碰撞危险时，首先发出预警信息提醒驾驶人进行制动操作，若驾驶

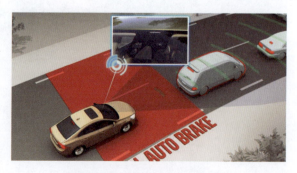

图 8-1-4　自动紧急制动系统

人未能及时对警告信息做出响应，系统将在紧急情况下通过自动制动来减轻碰撞的程度。

（4）其他类型 ADAS　以上三类 ADAS 系统主要是以车外环境感知为基础，以提高行车安全性为目的的驾驶辅助系统。除了上述三类 ADAS 外，智能网联汽车还有其他类型的 ADAS，比如：用于监视驾驶人精神状态的疲劳检测系统、分神驾驶检测系统等。如图 8-1-5 所示，沃尔沃驾驶人状态监测系统通过摄像头、红外照明确定驾驶人目光的方向、双眼的闭合程度以及头部的位置和角度。系统根据这些数据分析驾驶人的状态，一旦驾驶人出现注意力不集中或疲劳驾驶的情况，安全辅助系统会立即启动。

图 8-1-5　驾驶状态监测系统

1. 先进驾驶辅助系统（Advanced Driver Assistance Systems，ADAS）又称为高级驾驶辅助系统，是指利用安装在车辆上的传感器、通信、决策及执行等装置，监测驾驶人、车辆及其行驶环境，并通过影像、灯光、声音、触觉提示/警告或控制等方式辅助驾驶人执行驾驶任务或主动避免/减轻碰撞危害的各类系统的总称。

2. 按照功能的不同，ADAS 可分为改善视野类 ADAS、预警类 ADAS、自主控制类 ADAS 及其他类型 ADAS。

任务二　改善视野类 ADAS 认知

1. 了解改善视野类 ADAS 的作用
2. 了解改善视野类 ADAS 的系统组成

改善视野类先进
驾驶辅助系统

一、改善视野类 ADAS 概述

在行车过程中，驾驶人依靠视觉获取环境信息的比例高达 90% 以上，因此视觉是驾驶人获取环境信息的最主要来源。但由于驾驶盲区、光线和天气等的影响，驾驶人往往会由于视野不佳导致交通事故的发生。视野改善类 ADAS 通过雷达、摄像头等环境感知传感器获取行车环境信息，并将这些信息通过图像和语音等方式传递给驾驶人，用以扩大驾驶人的视野范围，从而提高驾驶人视野较差环境下的环境感知能力。

表 8-2-1 所示为目前应用较多的改善视野类 ADAS，包括汽车自适应前照明系统、汽车夜视辅

助系统、汽车平视显示系统和全景泊车系统等。

表 8-2-1　目前应用较多的改善视野类 ADAS

系统名称	图　示	功能介绍	使用车型举例
汽车自适应前照明系统		自动调节前照明系统的工作模式	丰田 RAV4
汽车夜视辅助系统		晚上使用热成像呈现行人或动物	奥迪 A8L
汽车平视显示系统		将汽车驾驶辅助信息、导航信息、ADAS 信息等投射在前方，方便阅读	奥迪 A6L
全景泊车系统		四周 360°全景提示	东风雷诺新科雷傲

汽车自适应前照明系统（Adaptive Front Lighting System，AFA）通过车速传感器、转向盘角度传感器、车高传感器等感知车辆行驶状态信息，自动调节前照明系统的工作模式，可实现城市道路照明、高速公路照明、转弯道路照明及阴雨天气照明等不同照明模式的调节，保障车辆不同条件下的照明效果。

夜视辅助系统（Night View Assist，NVA）主要采用雷达、红外传感器等，通过激光、毫米波和热成像等对光照要求不高的探测方法，实现夜间行驶环境的感知，用于识别行人和车辆等障碍物的信息。

汽车平视显示系统（Head Up Display，HUD）又称为抬头显示系统，是指将驾驶相关的重要信息投射到驾驶人前方的车辆前风窗玻璃视野内，使驾驶人的视线无须离开前方道路，即可查看驾驶相关的重要信息，从而有效地避免驾驶人的注意力分散，保障行驶安全。

全景泊车系统（Around View Monitor，AVM）又称为"360°全景可视泊车系统"，采用环视摄像头、雷达等传感器，通过车辆显示屏幕观看四周摄像头图像，帮助驾驶人在停车过程中了解车辆周边视线盲区，使停车更直观方便。

二、典型系统案例

本节以全景泊车系统为例，介绍改善视野类 ADAS 的系统组成及工作原理。

（1）全景泊车系统的组成　全景泊车系统又称为"全息影像停车辅助系统""汽车环视系统"或"360°全景可视泊车系统"，是在停车过程时，通过车辆显示屏幕观看四周摄像头图像，帮助驾驶人了解车辆周边视线盲区，使停车更直观方便。如图8-2-1所示，全景泊车系统主要由安装在车身前后左右的四个超广角鱼眼摄像头、人机交互界面和系统主机等组成。

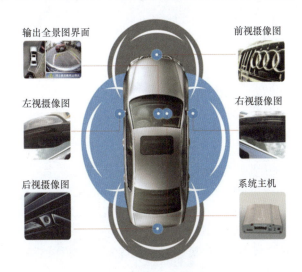

图8-2-1　全景泊车系统的组成

（2）全景泊车系统的工作原理　全景泊车系统的四个超广角鱼眼摄像头同时采集车辆四周的影像，经过图像处理单元"畸变还原→视角转化→图像拼接→图像增强"等处理，最终形成一幅车辆四周无缝隙的360°全景俯视图。在显示全景图的同时，也可以显示任何一方的单视图，并配合标尺线准确地定位障碍物的位置和距离。如图8-2-2所示，左边为全息影像，右边为单一方向影像。

图8-2-2　全景泊车系统显示图

1. 改善视野类ADAS通过雷达、视觉等环境感知传感器获取行车环境信息，并将这些信息通过图像和语音等方式传递给驾驶人，用以增加驾驶人的视野范围或提高驾驶人视野较差环境下的环境感知能力。

2. 目前应用较多的改善视野类ADAS包括汽车自适应前照明系统、夜视辅助系统、汽车平视显示系统和全景泊车系统等。

任务三 预警类 ADAS 认知

1. 了解预警类 ADAS 的作用
2. 了解预警类 ADAS 的系统组成

一、预警类 ADAS 概述

相关统计数据表明,由于驾驶人主观因素导致的交通事故占比最高,若在交通事故发生前 1.5s 给驾驶人发出预警,可避免 90% 的碰撞事故,大大降低交通事故发生率。预警类 ADAS 就是通过雷达和摄像头等环境感知传感器实时监测行车环境信息,并在车辆可能发生危险时发出警告信息,从而防止发生危险或减轻事故伤害。

表 8-3-1 所示为目前应用较多的预警类 ADAS,包括前向防撞预警系统、车道偏离预警系统和盲区监测系统等。

表 8-3-1 目前应用较多的预警类 ADAS

系统名称	图示	功能介绍	使用车型举例
前向防撞预警系统		识别潜在的危险情况并通过提醒帮助驾驶人避免或减少前向碰撞事故	日产楼兰
车道偏离预警系统		在车辆可能偏离车道时给予驾驶人提示,减少因车道偏离而造成的事故	东风本田-思域
盲区监测系统		监测盲区内车辆或行人事故,识别潜在危险,并进行及时报警	雪铁龙 C4 世嘉

前向防撞预警系统(Forward Collision Warning System,FCWS)通过各种传感器,如摄像头和雷达等,实时检测车辆前方的物体,并检测目标车辆距离本车的距离。当安全距离小于阈值时,则发出警报提示驾驶人,有效降低了交通事故的发生。

车道偏离预警系统（Lane Departure Warning System，LDWS）通过摄像头或激光雷达等监测车道线和本车的相对位置，在车辆即将在横向方向上偏离出车道线时，给予驾驶人提醒（通过蜂鸣器、转向盘振动、LCD 显示等），促使驾驶人保持在原来的行驶车道内，避免交通事故的发生。

盲区监测系统（Blind Spot Information System，BLIS）通过雷达和摄像头等装置，在车辆行驶时对车辆两侧的盲区进行探测，如果有其他车辆进入盲区，会在后视镜或其他指定位置对驾驶人进行提示，从而告知驾驶人何时是换道的最好时机，大幅度降低了因换道而发生的事故。

二、典型系统案例

以车道偏离预警系统为例，介绍预警类 ADAS 的系统组成及工作原理。

（1）车道偏离预警系统的组成　车辆偏离预警系统按偏离方向可以分为"纵向"和"横向"车道偏离警告两个主要功能。其中，纵向车道偏离警告系统主要用于预防由于车速太快或方向失控引起的车道偏离碰撞；横向车道偏离警告系统主要用于预防由于驾驶人注意力不集中以及驾驶人放弃转向操作而引起的车道偏离碰撞。

目前，已经商业化使用的车道偏离预警系统产品都是基于视觉的系统，根据摄像头安装位置的不同，可以将系统分为：侧视系统——摄像头安装在车辆侧面，斜指向车道；前视系统——摄像头安装在车辆前部，斜指向前方的车道。如图 8-3-1 所示，车道偏离预警系统主要由道路和车辆状态感知、车道偏离评价算法和报警系统等模块组成。

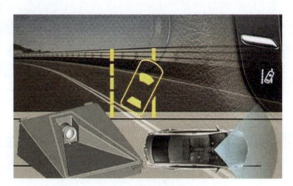

图 8-3-1　车道偏离预警系统示意图

（2）车道偏离预警系统的工作原理　如图 8-3-2 所示，当车道偏离预警系统开启时，摄像头会时刻采集行驶车道的标识线，通过图像处理获得汽车在当前车道中的位置参数，当检测到汽车偏离车道时，传感器会及时收集车辆数据和驾驶人的操作状态，之后由控制器发出警报信号，整个过程大约在 0.5s 完成，为驾驶人提供更多的反应时间。而如果驾驶人打开转向灯，正常进行变线行驶，那么车道偏离预警系统不会做出任何提示。

a）摄像头采集行驶车道标识线

b）系统工作过程示意图

图 8-3-2　车道偏离预警系统示意图

1. 预警类 ADAS 就是通过雷达、摄像头等环境感知传感器实时监测行车环境信息，并在车辆可能发生危险时发出警告信息，从而防止发生危险或减轻事故伤害。

2. 目前应用较多的预警类 ADAS 包括前向防撞预警系统、车道偏离预警系统和盲区监测系统等。

任务四　自主控制类 ADAS 认知

学习目标

1. 了解自主控制类 ADAS 的作用
2. 了解自主控制类 ADAS 的系统组成

理论知识

自主控制类先进
驾驶辅助系统

一、自主控制类 ADAS 概述

自主控制类 ADAS 是指通过雷达、视觉等环境感知传感器实时检测行车环境信息，在车辆可能发生危险时发出警告信息，并在必要时主动介入车辆的横纵向运动控制，从而防止发生危险或减轻事故伤害。有些自动控制类 ADAS 是在预警类 ADAS 的基础上进行设计开发的，比如车道保持辅助系统包含车道偏离预警和车道保持辅助功能。

图 8-4-1 所示为目前应用较多的自主控制类 ADAS，包括车道保持辅助系统、自动制动辅助系统、自适应巡航控制系统和自动泊车辅助系统等。

表 8-4-1　目前应用较多的自主控制类 ADAS

系统名称	图示	功能介绍	使用车型举例
车道保持辅助系统		修正即将穿越过车道线的车辆，使车辆保持在原车道内	奥迪 A6
自动制动辅助系统		主动干预使汽车自动制动，从而防止追尾事故的发生	朗逸 PLUS
自适应巡航控制系统		在设定的速度范围内自动调整行驶速度，以适应驾驶环境变化	睿骋 CC
自动泊车辅助系统		识别有效的泊车空间，并通过控制单元控制车辆进行泊车	东风雷诺新科雷嘉

车道保持辅助系统（Lane Keep Assist System，LKAS）通过前视摄像头实时监测车辆与车道线的相对位置，持续或在必要情况下介入车辆横向运动控制，使车辆保持在原车道内行驶。此系统有两种功能可供选择：车道偏离辅助修正功能和车道保持功能。目前该系统主要应用于结构化的道路上，如在高速公路和路面条件较好（车道线清晰）的公路上，当车速达到 65km/h 以上时才开始启动运行。

自动制动辅助系统（Autonomous Emergency Braking，AEB）又称为自动紧急制动系统，主要由三个模块构成，包括测距模块、控制模块和制动模块。自动制动辅助系统采用毫米波雷达测出与前车或者障碍物的距离，然后利用数据分析模块将测出的距离与警报距离、安全距离进行比较，小于警报距离时就进行警报提示，而小于安全距离时如果驾驶人没有来得及踩制动踏板，自动制动辅助系统会主动干预使汽车自动制动，从而防止追尾事故的发生。

自适应巡航控制系统（Adaptive Cruise Control，ACC）通过安装在车辆前部的车距传感器（一般为毫米波雷达）持续扫描车辆前方道路，从而得知前车的车速与相对距离，行驶中会自动侦测车速，当与前车的距离越来越小时，会对应调整自身车速，与前方车辆保持安全距离，在设定的速度范围内自动调整行驶速度，以适应前方车辆和/或道路条件等引起的驾驶环境变化。

自动泊车辅助系统（Automatic Park Assist，APA）主要由信息检测单元、ECU 和执行单元等组成，利用车载传感器（一般为超声波雷达或摄像头）识别有效的泊车空间，并通过 ECU 控制车辆（转向盘转角、节气门、制动）进行泊车。

二、典型系统案例

以自适应巡航控制系统为例，介绍自主控制类 ADAS 的组成、工作原理及作用。

（1）自适应巡航控制系统的组成　自适应巡航控制系统是在传统巡航控制系统（Cruise Control System，CCS）的基础上发展而来的。相比只能根据驾驶人设置的速度进行恒定速度巡航的传统巡航控制系统，自适应巡航控制系统可以对前方车辆进行识别，从而实现"前车慢我就慢，前车快我就快"的智能跟车效果。图 8-4-1 所示为自适应巡航控制系统工作示意图，在自适应巡航控制系统工作状态下，当雷达侦测到前方有慢车时，开始减速将车速调节至与前方车辆相同，并保持安全距离。当前方车辆离开后，将车速回到预先设定的车速。

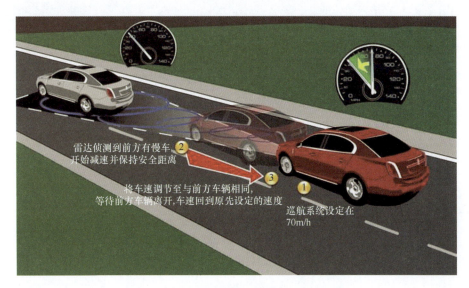

图 8-4-1　自适应巡航控制系统工作示意图

典型自适应巡航控制系统主要由信息感知单元、ECU、执行单元和人机交互界面等组成。

1）信息感知单元。信息感知单元主要用于向 ECU 提供自适应巡航控制系统所需要的各种信息，主要包括测距传感器、转速传感器、转向角传感器、节气门位置传感器和制动踏板传感器等。测距传感器用来获取车间距离信号，一般使用毫米波雷达或激光雷达；转速传感器用于获取实时车速信号；转向角传感器用于获取汽车转向角信号；节气门位置传感器用于获取节气门开度信号；制动踏板传感器用于获取制动踏板动作信号。图 8-4-2 所示为测距传感器的安装位置及工作示意图。

图 8-4-2　测距传感器的安装位置及工作示意图

2）ECU。ECU 根据驾驶人所设定的安全车距及巡航行驶速度，结合信息感知单元传送来的信息确定当前车辆的行驶状态，做出车辆的控制决策，并输出给执行单元。例如当两车间的距离小于设定的安全距离时，ECU 计算实际车距和安全车距之差及相对速度的大小，选择减速方式，同时通过报警器向驾驶人发出报警，提醒驾驶人采取相应的措施。

3）执行单元。执行单元主要执行 ECU 发出的指令，它包括节气门控制器、制动控制器、档位控制器和转向控制器等，节气门控制器用于调整节气门的开度，使车辆加速、减速及定速行驶；制动控制器用于紧急情况下的制动；档位控制器用于控制车辆变速器的档位；转向控制器用于控制车辆的行驶方向。

4）人机交互界面。人机交互界面用于驾驶人设定系统参数及系统状态信息的显示等。驾驶人可通过设置在仪表盘或转向盘上的人机界面启动或清除自适应巡航控制系统控制指令。启动自适应巡航控制系统时，要设定当前车辆在巡航状态下的车速和与目标车辆间的安全距离，否则自适应巡航控制系统将自动设置为默认值，但所设定的安全距离不可小于设定车速下交通法规所规定的安全距离。图 8-4-3 所示为不同安全距离模式及适用道路条件示意图，驾驶人可根据驾驶习惯和道路场景进行安全距离设定，如舒适型驾驶模式下安全距离时距为 2.3s，舒适型驾驶模式下安全距离时距为 1.0s。

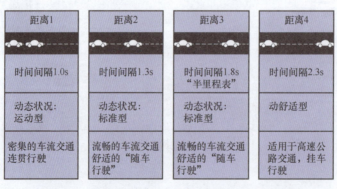

图 8-4-3　不同安全距离模式及适用道路条件示意图

（2）自适应巡航控制系统的工作原理　在车辆行驶过程中，安装在车辆前部的车距传感器持续扫描车辆前方道路，同时轮速传感器采集车速信号。当车辆前方无障碍物时，车辆按设定的速度巡航行驶；当行驶车道的前方有其他前行车辆时，自适应巡航控制系统 ECU 将根据本车和前车之间的相对距离及相对速度等信息，通过与 ABS、发动机控制系统、自动变速器控制系统协调动作，对车辆纵向速度进行控制，使本车与前车始终保持安全距离行驶。

自适应巡航控制系统的工作示意图如图 8-4-4 所示，共有 4 种典型的操作，即巡航控制、减速控制、跟随控制和加速控制。图中假设当前车辆设定车速为 100km/h，目标车辆行驶速度为 80km/h。

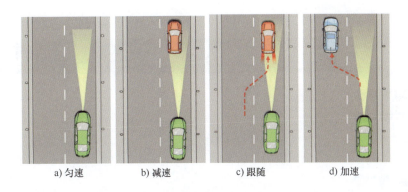

a) 匀速　　b) 减速　　c) 跟随　　d) 加速

图 8-4-4　自适应巡航控制系统的工作示意图

1) 如图 8-4-4a 所示，当前方无车辆时，主车将处于普通的巡航驾驶状态，按照驾驶人设定的车速匀速行驶（100km/h），驾驶人只需要进行方向的控制。

2) 如图 8-4-4b 所示，当车辆前方出现目标车辆时，如果目标车辆的速度（80km/h）小于主车时，主车将自动开始进行减速控制（100km/h 降到 80km/h），确保两车的距离为所设定的安全距离。

3) 如图 8-4-4c 所示，当两车之间的距离等于安全车距后，采取跟随控制，即与目标车辆以相同的车速行驶（80km/h）。

4) 如图 8-4-4d 所示，当前方的目标车辆发生移线，或主车移线行驶使得主车前方无行驶车辆时，自适应巡航控制系统将对主车进行加速控制，使主车恢复至设定的行驶速度（100km/h）。

(3) 自适应巡航控制系统的作用　自适应巡航控制系统一般在车速大于 25km/h 时才会起作用，而当车速降低到 25km/h 以下时，就需要驾驶人进行人工控制。通过系统软件的升级，自适应巡航控制系统可以实现"停车/起步"功能，以应对在城市中行驶时频繁的停车和起步情况。自适应巡航控制系统的这种扩展功能，可以使汽车在非常低的车速时也能与前车保持设定的距离。当前方车辆起步后，自适应巡航控制系统会提醒驾驶人，驾驶人通过踩加速踏板或按下按钮发出信号，车辆就可以起步行驶。自适应巡航控制系统还可以使车辆的编队行驶更加轻松。如图 8-4-5 所示，自适应巡航控制系统控制单元可以设定自动跟踪的车辆，当本车跟随前车行驶时，自适应巡航控制系统控制单元可以将车速调整为与前车相同，同时保持稳定的车距，而且车距是可调的。

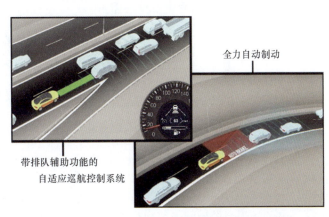

带排队辅助功能的
自适应巡航控制系统

全力自动制动

图 8-4-5　带编队辅助功能的自适应巡航控制系统

1. 自主控制类 ADAS 是指通过雷达、视觉等环境感知传感器实时检测行车环境信息，并在车辆可能发生危险时发出警告信息，并在必要时会主动介入车辆的横纵向运动控制，从而防止发生危险或减轻事故伤害。

2. 目前应用较多的自主控制类 ADAS 包括：车道保持辅助系统、自动制动辅助系统、自适应巡航控制系统和自动泊车辅助系统等。

任务五　其他类型 ADAS 认知

1. 了解疲劳驾驶检测、分神驾驶检测的作用
2. 了解疲劳驾驶、分神驾驶的检测方法

一、其他类型 ADAS 的概述

改善视野类 ADAS、预警类 ADAS 和自主控制类 ADAS 主要是以车外环境感知为基础，以提高行车安全性为目的的驾驶辅助系统。除了上述三类 ADAS 外，智能网联汽车还有其他类型的 ADAS，如疲劳驾驶检测系统和分神驾驶检测系统等。

疲劳驾驶检测系统（Driver Fatigue Monitoring System，DFMS）是通过检测驾驶人面部特征信息、对车辆的操纵行为、驾驶人的生理信号等对驾驶人疲劳状态进行判断，监视并提醒驾驶人自身的疲劳状态，减少驾驶人疲劳驾驶的潜在危害。图 8-5-1 所示为通过摄像头监视驾驶人的面部特征来进行疲劳检测的系统。

图 8-5-1　通过摄像头监视驾驶人的面部特征来进行疲劳检测的系统

分神驾驶检测系统（Driver Attention Monitoring System，DAMS）与疲劳驾驶检测系统类似，通过检测驾驶人面部特征信息、对车辆的操纵行为、驾驶人的生理信号等对驾驶人精神状态进行判断，判断驾驶人注意力是否专注在驾驶操作上，当检测到驾驶人有长时间接打电话、操作车载设备、视线不在前方道路上等情况发生时，及时进行报警，减少驾驶人分神驾驶的潜在危害。

图 8-5-2 所示为分神驾驶的场景——操作车载触摸屏。

二、典型系统案例

本节以疲劳驾驶检测系统的为例介绍其检测方法。目前常用的驾驶人疲劳状态检测方法主要有基于驾驶人生理信号的检测方法、基于驾驶人生理反应特征的检测方法、基于驾驶行为的检测方法和基于信息融合的检测方法。

图 8-5-2　分神驾驶的场景——操作车载触摸屏

（1）基于驾驶人生理信号的检测方法　针对疲劳的研究最早始于生理学。相关研究表明，驾驶人在疲劳状态下的生理指标会偏离正常状态的指标，因此可以通过驾驶人的生理指标来判断驾驶人是否进入疲劳状态。目前较为成熟的检测方法包括对驾驶人的脑电信号（EEG）、心电信号（ECG）等的测量。如图 8-5-3 所示，采用 ECG 对驾驶人进行测量，疲劳状态下驾驶人的心跳速度明显下降。ECG 主要用于驾驶负担的生理测量。研究表明在驾驶人疲劳时 ECG 会明显的有规律的下降，并且 HRV（心率变化）和驾驶中的疲劳程度的变化有潜在的关系。

研究人员很早就已经发现 EEG 能够直接反映大脑的活动状态。研究发现在进入疲劳状态时，EEG 中的 δ 波和 θ 波的活动会大幅度增长，而 α 波活动会有小幅增长。另一项研究通过在模拟器和实车中检测 EEG 信号，试验结果表明 EEG 对于检测驾驶人疲劳是一种有效的方法。研究人员同时发现，EEG 信号特征有很大的个人差异，如性别和性格等，同时也和人的心理活动相关很大。

（2）基于驾驶人生理反应特征的检测方法　基于驾驶人生理反应特征的检测方法是指利用驾驶人的眼动特性、头部运动特性等推断驾驶人的疲劳状态。驾驶人眼球的运动和眨眼信息被认为是反映疲劳的重要特征，眨眼幅度、眨眼频率和平均闭合时间都可直接用于检测疲劳。目前基于眼动机理研究驾驶疲劳的算法有很多种，广泛采用的算法如 PERCLOS 算法，即将眼睑闭合时间占一段时间的百分比作为生理疲劳的测量指标。如图 8-5-4 所示，采用驾驶人的眼动特性进行疲劳驾驶检测。

图 8-5-3　驾驶人疲劳状态下心跳检测

图 8-5-4　基于眼动特性进行疲劳驾驶检测

利用头部位置传感器检测驾驶人点头动作，通过电容传感器阵列输出驾驶人头部距离每个传感器的位置,可实时跟踪头部的位置,根据头部位置的变化规律判定驾驶人是否瞌睡。

(3) 基于驾驶行为的检测方法　基于驾驶行为的驾驶人疲劳状态识别是指通过驾驶人的操作行为(如转向盘操作等)推断驾驶人疲劳状态。研究指出分析转向盘的操作差异性是一种判断驾驶疲劳的有效手段,图 8-5-5 即为基于转向盘参数进行疲劳驾驶检测示意图。

驾驶人的操作除了与疲劳状态有关外,还受到个人习惯、行驶速度、道路环境和操作技能的影响,车辆的行驶状态也与车辆特性、道路等很多环境因素有关,因此如何提高驾驶人状态的推测精度是此类间接测量技术的关键问题。

图 8-5-5　基于转向盘操作进行疲劳驾驶检测

(4) 基于信息融合的检测方法　基于信息融合的检测方法是指融合以上两种或多种方法进行驾驶人疲劳状态检测。由于驾驶人个体的差异性及疲劳是一种复杂且个性化的生理现象,使得不同驾驶人疲劳时的外在表现特征不同,同时由于驾驶环境差别及光照的影响,单一的检测手段极易受到干扰,检测结果随时间和地点的变化会出现较大波动,准确率和可靠性难以得到保证。图 8-5-6 所示为基于信息融合的检测方法,红外线摄像机持续地记录驾驶人的眨眼频率以及每次闭眼的时长,同时还考虑到 EEG、车速、加速度、转向盘转动的角度以及转向灯和踏板的使用情况等多种因素。如果检测到疲劳状态,系统就会发出预警。

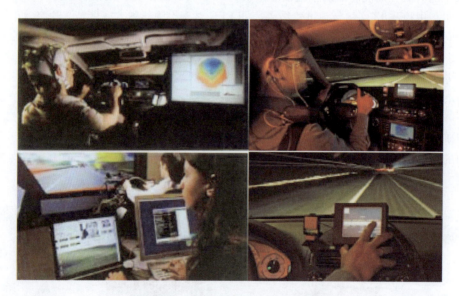

图 8-5-6　基于信息融合的检测方法

不同疲劳驾驶检测方法性能对比见表 8-5-1。基于驾驶人生理信号检测方法是接触式测量,因此有很高的准确性,但由于成本过高和舒适度很低,因此个体实用性不强。基于驾驶人生理反应检测方法和基于驾驶行为检测方法成本相对生理信号检测方法低,且具有较高准确性、可靠性和舒适度,因此成为国内外研究人员的研究热点。基于信息融合的检测方法可发挥多种检测方法的优势,综合分析判断,因此各性能指标相对较为理想。

项目八　先进驾驶辅助系统

表 8-5-1　不同疲劳驾驶检测方法性能对比

	准确性	可靠性	舒适度	成本
基于驾驶人生理信号检测方法	高	低	低	高
基于驾驶人生理反应检测方法	较高	较高	高	低
基于驾驶行为检测方法	较高	较高	较高	低
基于信息融合的检测方法	高	高	较高	较低

1. 智能网联汽车还有其他类型的 ADAS，如疲劳驾驶检测系统和分神驾驶检测系统等。
2. 目前常用的驾驶人疲劳驾驶和分神驾驶状态检测方法主要包括：基于驾驶人生理信号的检测方法、基于驾驶人生理反应特征的检测方法、基于驾驶行为的检测方法和基于信息融合的检测方法。

一、不定项选择题

1. 以下属于自主控制类 ADAS 的有（　　）。
   A. 前向防撞预警系统　　　　　　B. 车道保持辅助系统
   C. 汽车自适应前照明系统　　　　D. 自动制动辅助系统
2. 目前常用的驾驶人疲劳状态检测方法主要有（　　）。
   A. 基于驾驶人生理信号检测方法　　B. 基于驾驶人生理反应检测方法
   C. 基于驾驶行为检测方法　　　　　D. 基于信息融合的检测方法

二、填空题

1. 先进驾驶辅助系统的简称是_____。
2. 按照功能的不同，ADAS 可分为_____ ADAS、_____ ADAS、_____ ADAS 及其他类型 ADAS。
3. _____类 ADAS 通过雷达、摄像头等环境感知传感器获取行车环境信息，并将这些信息通过图像和语音等方式传递给驾驶人，用以扩大驾驶人的视野范围，从而提高驾驶人视野较差环境下的环境感知能力。
4. _____ ADAS 就是通过雷达和摄像头等环境感知传感器实时监测行车环境信息，并在车辆可能发生危险时发出警告信息，从而防止发生危险或减轻事故的伤害。

三、思考题

1. 简述改善视野类 ADAS 的作用。
2. 简述预警类 ADAS 的作用。
3. 简述自主控制类 ADAS 的作用。
4. 简述自适应巡航控制系统的工作原理。

项目九 智能网联汽车测试技术

任务一 智能网联汽车测试整体认知

1. 了解我国智能网联汽车的测试背景
2. 了解智能网联汽车仿真测试和道路测试的基本方法
3. 了解智能网联汽车道路测试相关政策和相关标准体系

一、智能网联汽车的测试背景

智能网联汽车测试是智能网联汽车技术研发和推广应用过程中不可或缺的重要环节,测试方法主要包括封闭场地测试、半开放/开放道路测试和虚拟仿真测试等。

道路测试加快推动智能网联汽车技术的快速发展和应用,但在智能网联汽车各项技术产业化过程中仍面临着技术、标准和法律法规等多方面的障碍,应用之前需要多种仿真和实验手段验证其可行性,也需要建立测试示范区为其产业化提供孵化平台。

经过大量仿真测试和封闭道路测试后,在智能网联汽车上市之前的安全性和可靠性,学术界、智库公司以及汽车制造商均认为还需要经过上亿公里的实际道路测试和验证。如宝马公司要求其智能网联汽车总测试里程需达到 2.5 亿 km。现有的智能网联汽车技术测试以仿真测试为主,道路测试为辅,但仿真环境及其测试结果的有效性仍有待论证。因此在当前技术条件下,实际道路环境下的技术试验对智能网联技术测试更是必不可少的环节。

然而,一辆技术成熟度不高、风险隐患不明的智能网联汽车在公共道路上进行针对实际运营的技术试验,势必带来潜在的道路交通安全风险。据美国加利福尼亚州车辆管理局发布的智能网联汽车自动驾驶模式脱离报告显示,绝大部分进行公共道路测试的智能网联汽车每 10~100km 就需要一次人工干预。这种由于技术不完善而引起的测试风险会给其他道路使用者或自身带来交通安全隐患,甚至还有可能导致重大交通事故。因此在智能网联汽车道路测试过程中有必要建立专门的智能网联汽车道路测试区。

美国、日本及部分欧洲国家纷纷加快智能网联汽车布局,加快推动自动驾驶相关法案的制定,相继出台示范运行和道路测试管理规范。

2016 年 5 月,日本发布《关于自动行驶系统的公道实验测试方案》,2017 年秋季开始在高速公路、一般公路上对自动驾驶系统进行大规模测试试验。

2017年5月,德国通过首部关于自动驾驶汽车的法律,允许驾驶人双手离开转向盘或视线离开道路情况下进行道路测试。

2017年7月,美国通过了《自动驾驶法案》;2018年2月,加州修改无人驾驶测试法规,允许无驾驶人情况下进行智能网联汽车道路测试。

我国智能网联汽车发展持续加速,汽车与电子、通信和互联网等跨界合作加强,在关键技术研发、产业链布局、测试示范等方面取得积极进展。目前已在上海、重庆、北京、长春、武汉、无锡等地建设智能网联汽车测试示范区,并积极推动半封闭、开放道路的测试验证。

2017年12月北京市发布《北京市自动驾驶车辆道路测试管理实施细则(试行)》及相关文件,确定33条,共计105km开放道路用于测试,已发放首批试验用临时号牌。

2018年3月,上海市发布《上海市智能网联汽车道路测试管理办法(试行)》,划定第一阶段5.6km开放测试道路,并发放第一批测试号牌。重庆、保定、深圳也相继发布相应的道路测试管理细则或征求意见,支持智能网联汽车开展公共道路测试。

2018年12月,天津市交通运输委、市工业和信息化局和市公安局联合发布了坐落在西青区和东丽区的首批智能网联汽车测试开放道路。同时,中汽数据(天津)有限公司和北京百度网讯科技有限公司获得了首批天津市首批开放道路测试牌照。天津市智能网联汽车开放道路测试正式启动。

2019年9月,在世界智能网联汽车大会上,首批长三角智能网联汽车道路测试牌照正式颁发。在长三角一体化发展的背景下,长三角智能网联汽车道路测试工作将形成"互联、互通、互认、互信"机制。

智能网联汽车技术中车与车、路、后台、其他外部环境交互的内容较多、需求也较多。为了满足测试过程中的各种需求,保证各种接口能测试到,同时要保证较高的测试效率和较低的测试成本,仿真技术是解决复杂环境庞大信息交互的一种方法,因此智能网联汽车测试应首先采用虚拟仿真的技术和硬件在环的技术,其次是受控测试区域测试,最后是进行开放场地测试。

二、智能网联汽车道路测试的概述

1. 智能网联汽车道路测试的必要性

智能网联汽车道路测试是技术研发和应用过程中必不可少的步骤,在正式推向市场之前,也必须通过实际交通环境测试,以全面地验证自动驾驶功能,实现与道路、设施及其他交通参与者的适应与协调。

我国主要汽车整车和零部件、电子、通信、互联网等企业均在积极进行整车及关键系统、计算平台和软硬件的研发工作,部分企业已经完成若干不同等级自动驾驶功能的产品开发,并通过计算机模拟、试验台架评测、试验场及封闭道路测试等对自动驾驶功能进行了测试验证,盲区监测、自动紧急制动、车道保持辅助等驾驶辅助系统以及车载通信服务系统已实现量产和装车应用。

智能网联汽车道路测试也是美欧日等国家和地区从技术发展和管理角度采取的普遍做法。美欧日等国家和地区已相继出台道路测试相关规定,通过修改现行法律或采取豁免措施允许智能网联汽车使用公共道路测试,德国、英国等已经明确智能网联汽车可在包括高速公路在内的各类道路上进行测试。

2. 智能网联汽车道路测试的政策

近年来,我国智能网联汽车技术及道路测试发展迅速。2018年,工业和信息化部制定了《车联网产业发展行动计划》及《车联网和智能网联汽车发展三年行动计划》,建立涵盖车辆、通信、道路设施等的标准体系。

同时,各地也在加紧拟定关于智能驾驶上路的法规。2018年3月,上海发布了《上海市智能网联汽车道路测试管理办法(试行)》;同时,重庆市也发布了《重庆市自动驾驶道路测试管理实施细则(试行)》。2018年4月,工业和信息化部、公安部、交通运输部联合颁布了《智能网联汽车道路测试管理规范(试行)》,是我国出台的第一个规范自动驾驶汽车道路测试的法规文件。我国各地关于智能网联汽车道路测试出台的主要政策法规文件见表9-1-1。

表9-1-1 我国各地关于智能网联汽车道路测试出台的主要政策法规文件

地 区	时 间	政策法规文件名称
全国	2018.4	《智能网联汽车道路测试管理规范(试行)》
全国	2018.12	《车联网(智能网联汽车)产业发展行动计划》
重庆	2018.3	《重庆市自动驾驶道路测试管理实施细则(执行)》
上海	2018.3	《上海市智能网联汽车道路测试管理办法(试行)》
北京	2018.2	《北京市自动驾驶车辆封闭测试场地技术要求(试行)》
天津	2018.6	《天津市智能网联汽车道路测试管理办法(试行)》
武汉	2018.11	《武汉市智能网联汽车道路测试管理实施细则(试行)》
广东	2018.12	《广东省智能网联汽车道路测试管理规范实施细则(试行)》

3. 智能网联汽车测试国家标准体系

2018年6月,工业和信息化部与国标委联合印发《国家车联网产业标准体系建设指南(总体要求)》、《国家车联网产业标准体系建设指南(信息通信)》和《国家车联网产业标准体系建设指南(电子产品和服务)》三份文件。指南提出,加紧研制自动驾驶及辅助驾驶相关标准、车载电子产品关键技术标准、无线通信关键技术标准、面向车联网产业应用的LTE-V2X和5G-V2X关键技术标准。到2020年,基本建成国家车联网产业标准体系。此外,工业和信息化部还发布《车联网(智能网联汽车)直连通信使用5905-5925MHz频段的管理规定》和《2018年智能网联汽车标准化工作要点》。

2018年5月18日,中国汽车工程研究院股份有限公司联合中国智能网联汽车产业创新联盟、清华大学、北京航空航天大学、同济大学、国内外整车厂及互联网公司在北京举办了智能网联汽车测试评价技术研讨会并成立了智能汽车测试评价联合研究中心,该中心旨在联合各大高校、整车厂、零部件供应商、出行服务企业、互联网企业,采集不同交通环境下"人-车-路"相关场景、通信环境、车辆运动状态、驾驶人行为等数据,建立中国典型的交通环境数据库以及智能网联汽车虚拟仿真测试数据库;构建具有中国特色的测试评价体系,制定具有国际影响力的测试评价标准及测试规范;开发通用高效的仿真测试与道路测试工具,协助国家相关部门进行自动驾驶运营监管及法规制定,为面向中国交通场景的智能网联汽车测试评价提供理论、方法及工具支撑。

三、智能网联汽车仿真测试的概述

应用传统的封闭场地测试或开放/半开放道路测试会存在测试周期长、测试成本高、场景覆盖有限、安全风险高等问题,尤其会受政策制定、场地建设的时间和资源限制,给企业将车辆投入自动驾驶测试带来一定的门槛。此外复杂的场景也难以在测试场中重现,就中国城市道路而言,存在着300种以上的道路场景,且部分测试难度高,难以对车辆进行全面验证,再加上现实场景中对于极端条件下的驾驶场景复现也存在较大的困难,需要耗费大量的物力及时间。总体来看,

项目九　智能网联汽车测试技术

智能网联汽车道路测试存在着诸多限制，虽然可以建设专用的测试场来进行针对性的测试，但仍然无法从根本上进行测试方法的优化。

为了保证满足智能网联汽车各种软件/硬件测试要求和场景测试要求，同时提高测试效率，降低测试成本，未来的智能网联汽车测试更趋向虚拟仿真技术和硬件在环的技术，如图9-1-1所示。

图 9-1-1　虚拟仿真测试加速自动驾驶安全测试

驾驶场景虚拟仿真则能够很好地解决此类测试问题，由于没有真实场景的限制，对复杂场景的重建和场景参数化重组都会比实车测试更容易实现，弥补了道路测试无法实现场景覆盖度和重复性的限制，可以实现场景、交通流、道路信息、车辆动力学、驾驶人模型的定制化和参数化仿真，具有更好的可扩展性和可移植性。仿真测试还可以进行更加具有针对性的测试，支持更加细分的商业模式，对行业发展也有着长远的促进作用。仿真过程中，在图像处理单元（GPU）的驱动下，细节逼真的图像以及鲁棒的物理引擎，让数字仿真技术在自动驾驶汽车的训练和测试中发挥高效作用，也为工程测试人员提供给了所需的有利条件。通过结合云计算、高精度地图、虚拟现实等技术，驾驶场景虚拟仿真可以将测试扩展到更多的应用场景，对L2及以上的自动驾驶功能研发有着极大的加速推进作用。

智能网联汽车仿真测试具有诸多优势，它也是道路测试和产业化之前必不可少的环节，但仿真测试过程中也会遇到以下问题：

1）场景数据库问题。智能网联汽车最大的特点就在于它与外部连接的交互性，在仿真过程中，需要首先解决的问题是从系统环境需求角度建立符合中国场景的顶级数据库，然后进行典型的交通环境数据采集与分析并建立评价体系。包括典型行为特性的分析，并把它作为未来智能网联汽车测试的基础数据库，以支持大规模的硬件仿真。

2）仿真模型问题。无论是交通场景的仿真模型，还是车辆动力学模型，或是控制算法模型，每一个模型都需要一个较好的解决方案。目前，传统车辆动力学模型和算法基本是可以解决模型问题，较难解决的是环境模拟。目前国外有很多这个方面虚拟仿真的软件，例如PreScan。国内也还有一些团队在开发相应的软件，其核心是环境模拟和传感器模拟，以及如何把传感器模拟做到和真实传感器一致。

随着仿真测试技术的不断发展，仿真测试方法会更加科学合理，仿真测试结果也必将更接近道路测试，智能网联汽车仿真测试会成为除道路测试之外不可或缺的测试手段。

学习小结

1. 智能网联汽车测试是智能网联汽车技术研发和推广应用过程中不可或缺的重要环节，测试方法主要包括封闭场地测试、半开放/开放道路测试和虚拟仿真测试等。

2. 现有的智能网联汽车测试以虚拟仿真测试和硬件在环测试技术为主。

3. 驾驶场景虚拟仿真能够很好地解决没有真实场景的限制，对复杂场景的重建和场景参数化重组都会比实车测试更加容易实现，弥补了道路测试无法实现场景覆盖度和重复性的限制。

4. 为了使智能网联汽车在各种道路交通状况和使用场景下都能够安全、可靠和高效地运行，自动驾驶功能需要进行大量的测试过程。智能网联汽车道路测试是技术研发和应用过程中必不可少的步骤，在正式推向市场之前，也必须通过实际交通环境测试，以全面地验证自动驾驶功能，实现与道路、设施及其他交通参与者的适应与协调。

任务二　智能网联汽车道路测试认知

学习目标

1. 掌握智能网联汽车测试场地的内容和要求
2. 了解我国智能网联汽车测试场地的建设情况

理论知识

一、智能网联汽车测试场地

智能网联汽车的测试场地应具备满足测试需求的真实道路场景和测试道路设施，主要包括 ADAS 测试场、V2X 测试场和自动驾驶测试场。

（1）智能汽车 ADAS 测试场地　智能网联汽车 ADAS 在欧美日等国家起步较早，现在欧洲、美国、日本等已出台典型功能相关的测试标准，不同标准中对测试环境的要求涵盖了较多的测试工况，主要包括直道测试、弯道测试和传感器误识别测试等。

（2）智能汽车 V2X 测试场地　V2X 是一个涉及车与周围交通元素、网络等协同和交互的复杂应用系统，也是智慧交通重要组成部分，其测试场地应涵盖由人、车、路和环境组成的完整闭环系统。V2X 测试场地与 ADAS 功能不同，更注重环境的适应性，尤其是高速和城市街道环境中的应用。

（3）自动驾驶测试场地　智能网联汽车技术是多种技术的复杂组合，包含但不限于 ADAS 和 V2X，其技术验证测试是未来几年的主要测试需求。测试场地需要在可控范围内尽可能还原真实交通环境。

可控测试场地关键要素应涵盖环境要素、交通要素、设施要素、通信要素、控制要素和功能要素等。测试环境应包括高速道路（限速 120km/h）、城市区域（限速 40～60km/h）和乡村道路（限速 20～30km/h），除限速要求外，各类测试环境还应具备相应的特点，如乡村道路，应具备多弯道、凹凸路面、碎石路面和坡道等，城市区域应具备视线遮挡（建筑物、植被等）环境、多交叉路口、环岛、多交通设施设备等。高速道路应具备隔离带、护栏、应急车道和无信号灯等。基于封闭测试场构建各种实际道路场景，进行智能网联汽车安全性的试验验证是智能网联汽车上路必经的有效途径。

二、智能网联汽车测试示范区

实际道路环境下的技术试验是智能网联技术发展成熟的必由之路。在技术成熟度尚未达到满足实际运营的情况下，利用封闭测试场地进行智能网联技术的试验验证是提升智能网联汽车安全性和可靠性的重要途径。因此，我国各地也展开了智能网联汽车测试场地建设，以下为三个有代表性的测试场地：

（1）国家智能汽车与智慧交通（京冀）示范区海淀基地　国家智能汽车与智慧交通（京冀）示范区是为落实工业和信息化部、北京市、河北省签订的"基于宽带移动互联网的智能汽车与智慧交通应用示范部省合作协议"而设立。在示范区内模拟多种道路和场景，为智能网联汽车提供实际的运行环境，可测试V2X、无人驾驶汽车、智慧交通等技术，促进产业快速发展的国际级示范区。

2017年6月底，全球第一条V2X潮汐车道正式对外投放使用。该基地是面向自动驾驶车辆研发测试、能力评估而建设的封闭测试场地，"国家智能汽车与智慧交通（京冀）示范区海淀基地"也已正式启用，如图9-2-1所示。试验道路位于北京经济技术开发区荣华中路至博大大厦路段，道路全长12km，含公交专用道、潮汐车道和主辅路等复杂交通环境，在7个路口部署了20余套设备，并与交通信号灯、路侧标示标牌、可变情报板、施工占道标示等互联。具有车联网功能的汽车在该路段行驶，可实现盲区提醒、紧急车辆接近、行人闯入、绿灯通过速度提示、优先级车辆让行等功能，使得驾驶人更加安全高效通过。已有多家智能车企、通信公司、科研机构等在这条测试道路上进行了最新智能技术的测试，并在2017年9月6日，正式宣布面向全球企业开展测试服务。同时，开放道路设有试验位，允许厂商申请使用测试路侧设备。

图9-2-1　智能汽车与智慧交通（京冀）示范区

（2）上海国家智能网联汽车示范区　"国家智能网联汽车（上海）试点示范区"是国内第一个封闭性的智能网联汽车测试区，位于上海安亭，2016年开始投入运营。上海示范区旨在测试和演示智能汽车、车联网通信关键技术。示范区的建设将分四个阶段推进：封闭测试区、开放道路测试区、典型城市综合测试区、示范城市与交通走廊示范区。在2020年实现覆盖面积达到150km^2，10000辆车辆的容量，其中9000辆背景车、1000辆测试车，道路总长500km，覆盖高速、城市和乡村等综合性交通场景。在示范区的一期建设中，已搭设了多种道路场景及相应的通信设施，包含隧道、林荫道、加油/充电站、地下停车场、十字路口、丁字路口、圆形环岛等交通场景；基础设施包含1个GPS差分基站、2座LTE-V通信基站、16套DSRC和4套LTE-V RSU、6个智能红绿灯和40个各类摄像头，可定位精度控制在厘米级范围以内。该示范区可为自动驾驶测试及车联网通信提供多达100种测试，是目前为止功能测试场景最多、通信技术最丰富的国际领先测试区。

截至2018年5月，封闭测试区已完成了200多个测试场景建设，累计为40多家国内外企业提供450余天次、超过5000h的测试服务。7月，封闭示范区域内的无人驾驶科普体验区对外开放。根据示范区的规划，2019年年底，测试区的其覆盖面积将达到100km²，将增加高速公路测试场景，测试车辆达到5000辆。2020年，通过嘉闵高架等道路智能改造，形成汽车城与虹桥商务区两个城市独立共享交通闭环，见表9-2-1。

表9-2-1 上海国家智能网联汽车示范区

	封闭测试与体验区 2016/12	开放道路测试示范区 2017/12	典型城市综合示范区 2019	示范城市+共享交通走廊 2020

	5km²	27km²	100km²	150km²
车辆规模	200辆（背景车：160辆/测试车：40辆）	1000辆（背景车：900辆/测试车：100辆）	5000辆（背景车：4500辆/测试车：500辆）	10000辆（背景车：9000辆/测试车：1000辆）
道路里程	15km	73km	366km（含高速28km）	500km
道路类型	模拟高速+城市+乡村	快速+城市+乡村+园区	高速/快速+城市+乡村	高速/高架+城市+乡村
RSU	42个	182个	360个	500+
应用场景	封闭模拟交通（36个）	区域共享交通（68个）	城市区域交通（86个）	城际综合交通（预计150个以上）
通信制式	DSRC/LTE-V/Wifi	DSRC/LTE-V	DSRC/LTE-V	DSRC/LTE-V

（3）吉林长春国家智能网联汽车应用（北方）示范区　吉林智能汽车与智慧交通应用示范基地是中国国内首家寒区和东北地区的智能汽车和智慧交通测试体验基地。2016年11月由工信部与吉林省政府签订合作框架协议启动，2017年8月于长春智能示范区开工建设。该示范基地可为智能汽车和智慧交通提供72种主要场景、1200个子测试场景、214种细分场景的现场测试，对于验证未来智能汽车和智慧交通"传感器+V2X+人工智能+执行器"的功能和性能可提供有效的工具与手段。

该基地将分为三个阶段建设：第一阶段，完成不少于2辆安装V2X通信设备及北斗高精定位设备，可容纳100辆测试车同时测试，实现信息提示和安全预警等应用；第二阶段，完成8辆以上安装基V2X通信设备和北斗高精度定位设备，可容纳500辆测试车同时测试，实现信息提示、安全预警与控制、绿色节能等智能网联化应用；第三阶段，2019年，完成智能网联汽车综合性典型城市示范区建设，占地面积100km²，50辆以上安装V2X通信设备和北斗高精度定位设备，可支持示范车辆达到1万辆，500辆以上测试车辆安装4G的T-BOX和北斗高精度定位设备，其余车辆安装 4G 的 OBD 终端，道路涵盖城市快速道路、乡村道路、客货运中心、商业住宅区、工业园区、以及隧道、桥梁、立交桥、山地、环湖和坡路等多种道路环境，实现信息提示、安全预警与控制、绿色节能等智能网联化应用。图 9-2-2 所示为红旗智能网联汽车在场内测试。

图 9-2-2　红旗智能网联汽车在场内测试

1. 基于封闭测试场构建各种实际道路场景，进行智能网联汽车安全性的试验验证是智能网联汽车上路必经的有效途径。一方面，可以在可控的风险条件下对智能网联汽车进行最接近实际道路环境的实车试验，充分发现和调试在相对于虚拟测试的物理环境下，智能网联汽车运行过程中产生的各种技术问题，确定车辆实际可靠运行的道路环境条件；另一方面，通过封闭场地试验，试验工程人员可以亲自使用测试车辆的自动行驶方式驾驶，熟悉测试车辆的自动驾驶操作习惯、试验方式和紧急情况下的响应方法，以便能在公共道路测试时应对自如。

2. 智能网联汽车技术是多种技术的复杂组合，包含但不限于 ADAS 和 V2X，其技术验证测试是未来几年的主要测试需求。测试场地需要在可控范围内尽可能还原真实交通环境。

3. 实际道路环境下的技术试验仍然是智能网联技术发展成熟的必由之路。在技术成熟度尚未达到满足实际运营的情况下，利用封闭测试场地进行智能网联技术的试验验证是提升智能网联汽车安全性和可靠性的重要途径。

任务三　智能网联汽车测试场景认知

1. 熟悉智能网联汽车的各个测试环节及场景
2. 掌握相关的智能网联汽车测试场景项目的要求

智能网联汽车
测试场景

一、智能网联汽车测试的主要相关术语

1. 目标车辆

目标车辆是指用于构建测试场景的量产乘用车、商用车，或具备激光雷达、毫米波雷达、超

声波雷达和摄像头等传感器的感知属性，能够替代上述车辆的柔性目标。

2. 车载单元

车载单元安装在测试车辆上，用于实现车辆与外界（即 V-X，包括车-车、车-路、车-人、车-云端等之间）联网通信的硬件单元。

3. 路侧单元

路侧单元安装在测试场地道路路侧，用于实现车辆与外界（即 V-X，包括车-车、车-路、车-人、车-云端之间）联网通信的硬件单元。

4. 车车通信

车车通信是指测试车辆与目标车辆通过车载单元进行数据包收发而完成的信息通信。

5. 车路通信

车路通信是指测试车辆与道路基础设施通过车载单元、路侧单元进行数据包收发而完成信息通信。

6. 动态驾驶任务

动态驾驶任务是指完成车辆驾驶所需的感知、决策和操作，包括但不限于：控制车辆横向/纵向运动、控制车辆纵向运动、目标和事件探测与响应、行驶规划和控制车辆照明及信号装置。注：不包括行程计划、目的地和路径的选择等任务。

7. 编队行驶

编队行驶是指多辆测试车辆以较小的车距纵队排列的行驶状态；其中，第一辆车为人工操作驾驶，从第二辆车开始为自动驾驶。

8. 指令

指令是指驾驶人输入信号和测试车辆通过感知、地图等信息自主发出的信号。例如，在变更车道场景中，测试车辆获得指令后执行变更车道动作；此时，指令既可是驾驶人操纵转向指示灯发出的执行信号，也可是测试车辆基于感知自主决策发出的执行信号。

二、智能网联汽车测试项目及场景

2018 年 4 月，工业和信息化部、公安部、交通运输部联合发布《智能网联汽车道路测试管理规范（试行）》，对智能网联汽车道路测试申请、审核、管理以及测试主体、测试驾驶人和测试车辆要求进行规范。2018 年 8 月，中国智能网联汽车产业联盟和全国汽标委智能网联汽车分技术委员会编制了《智能网联汽车自动驾驶功能测试规程》，提出各检测项目对应场景、测试规程及通过条件，其中智能网联汽车测试包括 14 个测试项目及 34 个测试场景，见表 9-3-1。

表 9-3-1　智能网联汽车自动驾驶功能检测项目及测试场景

序　号	检测项目	测试场景
1	交通标志和标线的识别与响应	限速标志识别及响应 停车让行标志标线识别及响应 车道线识别及响应 人行横道线识别及响应
2	交通信号灯识别及响应	机动车信号灯识别及响应 方向指示信号灯识别及响应
3	前方车辆行驶状态识别及响应	车辆驶入识别及响应 对向车辆借道本车车道行驶识别及响应

（续）

序号	检测项目	测试场景
4	障碍物识别及响应	障碍物测试 误作用测试
5	行人和非机动车识别及避让	行人横穿马路 行人沿道路行走 两轮车横穿马路 两轮车沿道路骑行
6	跟车行驶	稳定跟车行驶 停-走功能
7	靠路边停车	靠路边应急停车 最右车道内靠边停车
8	超车	超车
9	并道	邻近车道无车并道 邻近车道有车并道 前方车道减少
10	交叉路口通行	直行车辆冲突通行 右转车辆冲突通行 左转车辆冲突通行
11	环形路口通行	环形路口通行
12	自动紧急制动	前车静止 前车制动 行人横穿
13	人工操作接管	人工操作接管
14	联网通信	长直路段车车通信 长直路段车路通信 十字交叉口车车通信 编队行驶测试

1. 掌握智能网联汽车的几个重要术语定义：目标车辆、车载单元、路侧单元、车车通信、车路通信、动态驾驶任务、编队行驶和指令。

2. 智能网联汽车测试包括 14 个测试项目及 34 个测试场景，14 个测试项目包括交通标志和标线的识别与响应、交通信号灯识别及响应、前方车辆行驶状态识别及响应、障碍物识别及响应、行人和非机动车识别及避让、跟车行驶、靠路边停车、超车、并道、交叉路口通行、环形路口通行、自动紧急制动、人工操作接管和联网通信。

 **任务四　智能网联汽车虚拟仿真测试认知**

学习目标

1. 熟悉智能网联汽车仿真测试系统的组成
2. 掌握相关的智能网联汽车虚拟仿真测试技术及评价体系

智能网联汽车
虚拟仿真测试

 **理论知识**

一、仿真测试系统的组成

仿真技术的基本原理是在仿真场景内，将真实控制器变成算法，结合传感器仿真等技术，完成对算法的测试和验证。自动驾驶汽车仿真测试应用数学模型、相应的实物模型、测试装置（如摄像头、毫米波雷达、激光雷达等）、计算机系统（包括硬件和软件）以及部分实物组成的仿真系统，可对某一系统进行数字仿真、半物理仿真（半实物仿真）、物理仿真（实物仿真），以便分析、设计与研究智能网联汽车中被仿真测试的系统。

一个完整的自动驾驶仿真平台，需要包括静态场景还原、动态案例仿真、传感器仿真、车辆动力学仿真、并行加速计算等功能，并能够较为容易地接入自动驾驶感知和决策控制系统，如图 9-4-1 所示。只有算法与仿真平台紧密结合，才能形成一个闭环，达到持续迭代和优化的状态。

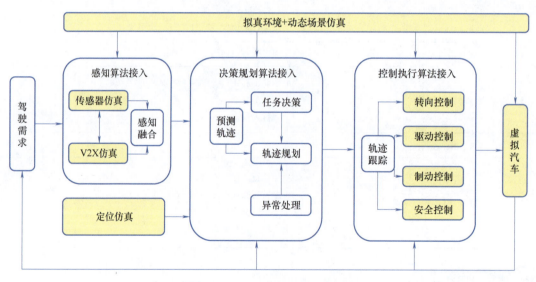

图 9-4-1　自动驾驶仿真系统模块

二、国内外仿真测试现状

为了验证自动驾驶汽车的性能，自动驾驶汽车所需测试里程需达到数十亿英里且无意外，所有世界知名的智能驾驶汽车厂商（特斯拉、奥迪、英伟达等）在智能驾驶/无人车的开发中都大量采用了仿真测试的手段，国内整车企业也在逐渐部署仿真测试能力。国内外汽车企业关于自动驾驶汽车仿真测试现状见表 9-4-1 和表 9-4-2。

表 9-4-1　国内企业自动驾驶汽车仿真测试现状

序号	国内企业	应用情况
1	一汽研究院	高速自动驾驶和自动泊车开发
2	上汽集团	自动泊车开发与应用
3	长安集团	高速自动驾驶算法开发及自动化测试
4	东风集团	高速自动驾驶功能开发及测试
5	广汽研究院	高速自动驾驶和自动泊车共创开发和测试
6	拜腾	高级自动驾驶功能开发，虚拟试验场建设
7	吉利研究院	高速自动驾驶功能开发及仿真测试
8	观致汽车	ADAS 算法开发及硬件在环测试
9	华为	基于 VTD 的超算中心，虚拟试验场，自动驾驶算法测试

表 9-4-2　国外汽车企业自动驾驶汽车仿真测试现状

序号	国外项目名称	项目内容
1	大众自动驾驶开发	L3 自动驾驶开发与验证平台，77G 雷达 OTA2 目标模拟
2	AUDI 自动驾驶开发	L3 自动驾驶开发与验证平台，77G 雷达 OTA2 目标模拟
3	HYUNDAI 自动驾驶开发	自动驾驶 77G 雷达 OTA2 目标模拟
4	AUTOLIF 雷达生产测试	77G 雷达 OTA EOL 测试
5	TOYOTA 自动驾驶开发	自动驾驶 77G 雷达 OTA2 目标模拟
6	NISSAN 自动驾驶开发	自动驾驶 77G 雷达 OTA2 目标模拟

三、虚拟仿真技术

虚拟仿真技术应用汽车工程、交通工程、计算机科学和软件工程等多学科知识，对车辆动力学模型及自动驾驶算法模型进行不同程度的抽象，将汽车驾驶场景在计算机模拟过程中进行重建和复现。

在自动驾驶开发过程中，需要在各种行驶条件下，对无人驾驶技术进行不断的验证测试，从而确保其安全程度能够高于驾驶人的操作。这意味着，在一些时候要在实际道路上对其进行测试。然而同样重要的，是在虚拟道路上的仿真测试，虚拟测试也是积累无人驾驶汽车测试里程的重要手段之一。随着高级图形处理技术的发展，虚拟道路测试，能够有效对危险或不常见的驾驶场景进行测试。虚拟仿真的灵活性和多用性，使其在自动驾驶技术开发中发挥着重要作用。

1. 在环仿真测试

依托于仿真平台，应用多种软硬件技术进行在环测试是驾驶场景虚拟仿真的主要研发内容。根据不同的测试需求，测试厂商使用了软件在环（Software In Loop，SIL）、硬件在环（Hardware In Loop，HIL）、车辆在环（Vehicle In Loop，VIL）、驾驶人在环（Driver In Loop，DIL）等多种测试工具链，测试的目的包括算法验证、控制器验证、虚拟环境下的实车验证。另外在软件在环测试的过程中也可以将算法模型抽出进行独立模拟，形成模型在环（Model In Loop，MIL）的方案，如

图 9-4-2 所示。

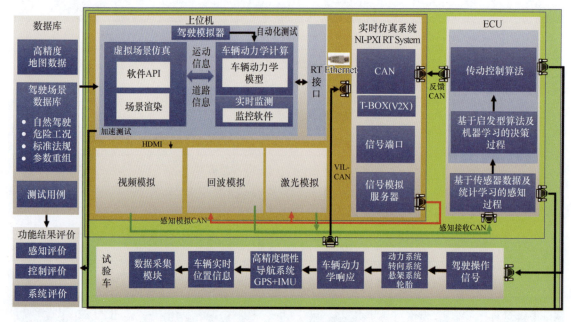

图 9-4-2　在环测试完整体系

在建立了面向多种需求的测试工具链条后，需要对整个体系整理归纳，建立起一套完整的评价体系，方便进行整体的仿真测试结果进行评价。

2. 虚拟场景构建

在仿真软件中进行高速公路、城市道路和停车场虚拟场景的搭建，形成智能网联汽车虚拟测试场景库，如图 9-4-3 所示。50 万 km 驾驶场景拟搭建高速公路场景 150 类、城市道路场景 200 类、停车场泊车场景 150 类。

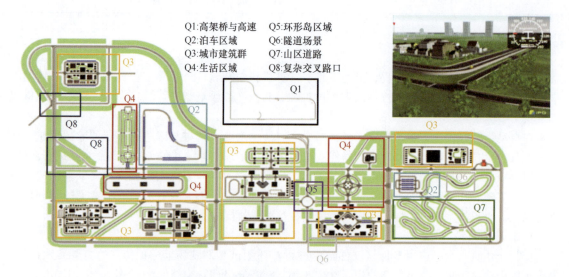

图 9-4-3　自动驾驶测试虚拟仿真试验场

基于采集的百万公里驾驶场景提炼的测试场景为企业建设了满足高级别自动驾驶测试的虚拟仿真测试场，虚拟测试场景将根据不同自动驾驶功能已有的自动驾驶测试评价体系合理组合搭配场景，测试场景涵盖城市、高速、山区和停车场等区域，包含道路交通标志标线、红绿灯和通信设备等道路交通设施，覆盖危险场景、一般场景和边角场景等场景类型，综合进行智能网联汽车的测试和评价工作。自动驾驶虚拟测试场景如图 9-4-4 所示。

图 9-4-4　自动驾驶虚拟测试场景

（1）动态虚拟场景　自动驾驶虚拟仿真试验场包含八大测试区，满足不同自动驾驶功能场景设计运行域的需求，场景介绍见表 9-4-3。

表 9-4-3　自动驾驶虚拟仿真八大测试区

测试区场景	场景介绍
Q1：高架桥与高速	该路段围绕整个沙盘一周，可实现进出高速公路时道路合流、自适应巡航控制系统、车道保持和车道变更等符合高速行驶场景的仿真
Q2：泊车区域	该功能区分为室外停车场和多层停车楼两部分，可进行不同车位出入库、室内场景停车诱导、室内定位、自主泊车功能开发验证等仿真
Q3：城市建筑群	场景介绍：在该场景中，可进行路口碰撞预警、行人、车辆等障碍物停障、避障等车辆横纵向决策控制及局部路径规划验证
Q4：生活区域	该区域包含广场和公园等场景，可以实现在人群密集、道路狭窄以及交通参与者多变情况下的仿真测试
Q5：环形岛区域	该区域可实现在环形岛交叉口的混乱和拥堵时智能汽车启停优化控制、低速跟车行驶、道路合流的仿真
Q6：隧道场景	该场景的特点是，在隧道中通信号减弱，在进出隧道时对光线变化控制的要求也很高，对车辆的安全性有很大的考验
Q7：山区道路	弯道多、坡道多、一边傍悬崖一边靠陡壁，路况复杂。可仿真泥泞道路、陡坡、雨天及夜间行车等危险工况
Q8：复杂交叉路口	该功能区可实现智能交通系统红绿灯配时、绿波导引、V2X，及智能汽车启停优化控制仿真，并进行道路合流、智能网联汽车智能决策开发验证

（2）静动态组合场景　自动驾驶虚拟仿真试验场已具备添加《智能网联汽车自动驾驶功能测试规程（试行）》所有可用于仿真测试的动态驾驶任务。同时包括起步、停车、跟车、变更车道、路口左转弯、路口右转弯、直行通过路口、直行通过人行横道线、靠边停车、会车、通过环岛、

通过立交桥主辅路行驶、通过学校区域、通过隧道、通过桥梁、通过泥泞山路、急转弯山路、超车、夜间行驶、倒车入库、侧方停车、通过雨区道路、通过雾区道路、通过湿滑路面、避让应急车辆等复杂动态驾驶任务的测试功能，如图9-4-5所示。

图 9-4-5　动静结合场景

四、仿真测试评价体系

虚拟仿真测试评价整体思路包括测试用例的选择与场景设计、分配场景于不同的测试需求（如模型在环、软件在环、硬件在环测试），然后基于场景与功能分别设计评价方法与评价指标，根据基于场景的评价指标分配权重，最终输出自动驾驶功能的评价结果，如图9-4-6所示。针对L1～L2级的评价测试，主要依赖典型测试实例进行横纵向功能评价，具体评价体系中包括场景描述、场景参数设定以及评判依据。针对L3级以上的评价测试，应包含序列化的场景，同时要建立序列化场景的复杂度评价体系。

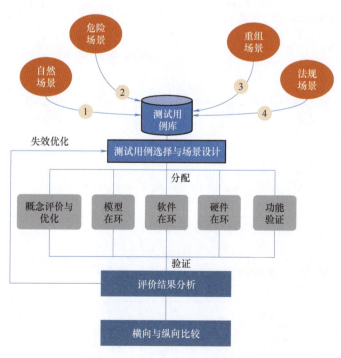

图 9-4-6　仿真测试评价整体思路

项目九　智能网联汽车测试技术

基于场景的评价方法主要有两个评价指标,一个是功能指标,另一个是场景指标。如图 9-4-7 所示,基于功能的评价指标主要评价驾驶任务的完成度,针对不用的功能,设计不同的功能完成指标,并通过对于该功能的完成情况,给出评分;基于场景的评价指标,用于评价场景的复杂度,根据信息熵的方式计算出该场景的复杂度指标,该测试功能通过不同复杂度的场景给出的评分在总评分中的占比不同,从而依据权重配比的方式,得出该测试功能的综合得分。

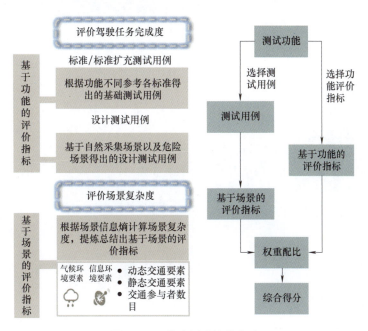

图 9-4-7　仿真测试评价方法

学习小结

1. 自动驾驶汽车仿真系统应用数学模型、相应的实物模型和装置(如摄像头、毫米波雷达、激光雷达等)、计算机系统(包括硬件和软件)以及部分实物组成的仿真系统,可对某一系统进行数字仿真、半物理仿真(半实物仿真)、物理仿真(实物仿真)试验,以便分析、设计与研究这种系统。

2. 自动驾驶汽车仿真通过建立不同的软硬件集成框架,虚拟仿真过程会对算法模型、车辆控制软件、车载硬件、整车、驾驶人进行多种有效的测试,从系统稳定性、驾驶安全和运行效率等多种角度进行评估。

3. 自动驾驶汽车仿真测试评价的整体思路为,从测试用例库中选择适用于该测试功能的测试用例,根据测试环节的不同(如模型在环、软件在环、硬件在环测试)对测试用例进行分配,通过合适的评价方法得出评价结果。

课后习题

一、不定项选择题

1. 智能网联汽车的整车测试方法主要有(　　)。
A. 仿真测试　　　　　　　　　　B. 大数据分析
C. 道路测试　　　　　　　　　　D. 动力性测试

2. 智能网联汽车仿真测试过程中可能遇到的问题有（　　）。
A. 场景数据库问题　　　　　　　B. 数据准确性问题
C. 测试难度大　　　　　　　　　D. 仿真模型问题
3. 智能网联汽车的测试场主要包括（　　）。
A. ADAS 测试场　　　　　　　　B. V2X 测试场
C. 自动驾驶测试场　　　　　　　D. 可靠性测试场
4. 智能网联汽车交通信号灯识别及响应测试包括（　　）。
A. 机动车信号灯识别及响应测试
B. 方向指示信号灯识别及响应测试
C. 交通标志和标志线的识别和响应测试
D. 车道线识别及响应测试

二、思考题
1. 简述智能网联汽车仿真测试系统的组成和原理。
2. 简述一个完整智能网联汽车的仿真平台应该包含哪些内容。
3. 简述智能网联汽车测试项目包含哪些。

参 考 文 献

[1] 崔胜民. 智能网联汽车新技术 [M]. 北京：化学工业出版社，2019.
[2] 崔胜民. 智能网联汽车概论 [M]. 北京：人民邮电出版社，2019.
[3] 闫建来. 智能网联汽车导论 [M]. 北京：机械工业出版社，2019.
[4] 中国电子信息产业发展研究院. 智能网联汽车测试与评价技术 [M]. 北京：人民邮电出版社，2017.
[5] 李俨. 5G与车联网 [M]. 北京：电子工业出版社，2019.
[6] 刘少山，唐洁，吴双，等. 第一本无人驾驶技术书 [M]. 北京：电子工业出版社，2017.
[7] 王建，徐国艳. 自动驾驶技术概论 [M]. 北京：清华大学出版社，2019.
[8] 陈慧岩，熊光明，龚建伟，姜岩. 无人驾驶汽车概论 [M]. 北京：北京理工大学出版社，2014.
[9] 阿奇姆·伊斯坎达里安. 智能车辆技术手册（卷Ⅰ）[M]. 李克强，等译. 北京：机械工业出版社，2017.
[10] 李妙然，邹德伟. 智能网联汽车技术概论 [M]. 北京：机械工业出版社，2019.

智能网联汽车技术基础任务工单

机械工业出版社

目　　录

任务工单一　环境感知系统整体认知…………………………………………… 1

任务工单二　智能网联汽车智能化装备装调……………………………………… 5

任务工单三　智能网联汽车智能化、功能化验证………………………………… 9

任务工单四　智能网联汽车网联综合道路测试…………………………………… 14

任务工单一　环境感知系统整体认知

智能网联汽车环境感知系统由信息采集单元、信息处理单元及信息传输单元三大模块组成，用于感知智能网联汽车行驶环境的相关信息，为智能决策提供依据。根据智能网联汽车的应用场景不同，环境感知系统的具体组成和工作原理存在一定的差异性。面对不同的智能网联汽车平台，要明确其环境感知系统的组成，了解不同类型传感器的外形与结构，查找各传感器的安装位置，了解不同传感器在环境感知系统中发挥的作用。

图1所示为智能网联环境感知传感器实验台，该实验台由控制系统、显示屏、实验台架、环境感知传感器（激光雷达、毫米波雷达、超声波雷达、视觉传感器）、模拟道路、模拟行人和模拟车辆等组成。其中，环境感知传感器包括一个16线激光雷达、一个中距离毫米波雷达，一个单目视觉传感器，四个超声波雷达，安装位置如图1所示。激光雷达用于获取环境的点云图信息，并识别出车辆和行人。毫米波雷达用于获取障碍物的位置和角度信息。视觉传感器用于识别障碍物的类型，并识别车道线。超声波雷达用于识别近距离的障碍物距离。

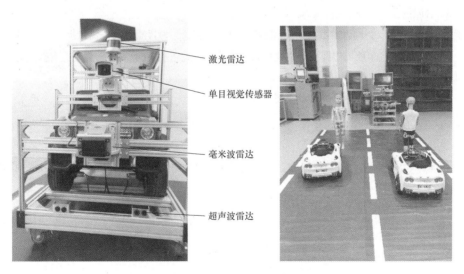

图1　智能网联环境感知传感器实验台

任务名称	环境感知系统整体认知	学时	2	班级	
学生姓名		学生学号		任务成绩	
实训设备	智能网联环境感知传感器实验台	实训场地		日期	
任务描述	面对所提供的智能网联汽车平台，要明确其环境感知系统的组成，了解不同类型传感器的外形结构，查找各传感器的安装位置，了解不同传感器在环境感知系统中发挥的作用				
任务目的	以行动为导向，引导学生制订计划，按照正确流程完成环境感知系统的认知。在此过程中学习相关理论知识和实践操作技能				

一、资讯

1. 智能网联汽车环境感知系统由_____、_____及信息传输单元三大模块组成，用于感知智能网联汽车行驶环境的相关信息，为智能决策提供依据。

2. 智能网联汽车环境感知系统常用的传感器有_____、_____超声波雷达和_____等。

3. 智能网联汽车环境感知对象主要包括_____、_____、驾驶状态和_____。

二、计划与决策

请根据任务要求，确定所需要的仪器、工具，并对小组成员进行合理分工，制订详细实施计划。

1. 需要的检测仪器、工具及防护用具

(续)

2. 小组成员分工

3. 实施计划

三、实施

1. 本实验台的环境感知传感器包括_____，用于感知环境中的行人、车辆和标志标线等信息。

2. 本实验台所用的激光雷达为_____线，主要用于获取障碍物的距离和角度等信息。

3. 实验台上的摄像头安装在_____位置，可实现行人检测、车道线识别和车辆检测等。

4. 本实验台上有_____个超声波雷达，主要用于获取_____距离的障碍物信息。

5. 毫米波雷达安装在_____位置，具有良好的雨雾穿透能力，主要用于获取_____距离的障碍物信息。

6. 通过实验台的软硬件匹配，可实现的功能主要包括_____等。

四、检查

完成实验台的软硬件功能认知后，为了安全进行如下检查：

1. 检查各传感器安装处有无松动情况：_____。

2. 检查各传感器插头处有无松动情况：_____。

3. 检查系统总电源是否关闭：_____。

(续)

五、评估

1. 请根据自己任务完成的情况,对自己的工作进行自我评估,并提出改进意见。

   1) _____

   _____

   2) _____

   _____

   3) _____

2. 工单成绩(总分为自我评价、组长评价和教师评价得分值的平均值)

自我评价	组长评价	教师评价	总　　分

任务工单二　智能网联汽车智能化装备装调

智能网联汽车要通过感知设备实现对人、车、路、网等环境因素的精准识别,对所配备的感知设备的融合安装、调试方法和装调精准度就显得尤为重要。以 2019 中国技能大赛实操平台为例,介绍智能网联汽车感知设备的智能化装备装调、标定和排故等操作技能。

图 2 所示为智能网联汽车实操平台,由底盘和台架两大部分组成,底盘部分包含车辆底盘、与底盘配套使用的操控遥控器、总急停遥控器,以及车体急停按钮等部件;台架部分包括控制器、远程急停遥控器、警告灯、AGX(自动驾驶处理器)、交换机、4G 路由器和多种传感器。在实现自动驾驶功能前,需要对激光雷达、毫米波雷达、摄像头、组合导航以及其他零部件进行位置的精确安装,并连接各零部件的线束实现信号通信。各个传感器要实现精准识别,还需要对初始状态进行标定,图 3 所示为实操平台上环视摄像头的标定操作,通过标定可以实现鱼眼摄像头图像的矫正及环视拼接。由于车具有智能化分析功能,一旦出现故障,系统就会进行报警,自动关闭自动驾驶功能,排除故障后方可解除。

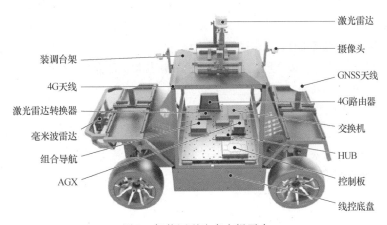

图 2　智能网联汽车实操平台

a) 鱼眼摄像头的标定板识别　　b) 矫正后的图像拼接效果

图 3　实操平台上环视摄像头的标定操作

任务名称	智能网联汽车智能化装备装调	学时	2	班级	
学生姓名		学生学号		任务成绩	
实训设备	智能网联汽车实操平台（2019 中国技能大赛实操平台）	实训场地		日期	
任务描述	以 2019 中国技能大赛实操平台为例，完成智能网联汽车感知设备的智能化装备装调、标定和排故等操作技能				
任务目的	以行动为导向，引导学生制订计划，按照正确流程完成智能网联汽车感知设备的智能化装备装调、标定和排故。在此过程中学习相关理论知识和实践操作技能				

一、资讯

1. 智能网联汽车实操平台由＿＿＿＿＿＿和＿＿＿＿＿＿两大部分组成。

2. 底盘部分包含＿＿＿＿＿＿、与底盘配套使用的＿＿＿＿＿＿、总急停遥控器，以及车体急停按钮等部件。

3. 台架部分包括＿＿＿＿＿＿、远程急停遥控器、警告灯、AGX（自动驾驶处理器）、交换机、4G 路由器和＿＿＿＿＿＿。

4. 在实现自动驾驶功能前，需要对激光雷达、毫米波雷达、摄像头、组合导航以及其他零部件进行＿＿＿＿＿＿，并连接各零部件的＿＿＿＿＿＿实现信号通信。各个传感器要实现精准识别，还需要对初始状态进行＿＿＿＿＿＿。

二、计划与决策

请根据任务要求，确定所需要的仪器、工具，并对小组成员进行合理分工，制订详细实施计划。

1. 需要的检测仪器、工具及防护用具

（续）

2. 小组成员分工

3. 实施计划

三、实施

1. 传感器的安装：

2. 线束连接：

3. 传感器的标定：

(续)

四、检查

完成传感器的安装、线束连接、标定后,为了确保车辆正常运行进行如下检查:

1. 检查各传感器的安装位置及角度是否正确:_____。
2. 检查各传感器有无遮挡情况:_____。
3. 检查各传感器线束有无虚接情况:_____。
4. 检查系统有无报警情况:_____。

五、评估

1. 请根据自己任务完成的情况,对自己的工作进行自我评估,并提出改进意见。

　1)_____
　_____

　2)_____
　_____

　3)_____
　_____

2. 工单成绩(总分为自我评价、组长评价和教师评价得分值的平均值)

自我评价	组长评价	教师评价	总　　分

任务工单三　智能网联汽车智能化、功能化验证

产品化的高级智能网联汽车，需要进行数百亿乃至千亿公里的车辆道路测试，测试方法主要包括封闭场测试、半开放/开放道路测试和虚拟仿真测试，前两种传统的测试方法存在周期长、测试成本高、场景覆盖有限、安全风险高等问题，虚拟仿真测试具有很好的可扩展性和可移植性，能够很好地解决此类痛点问题。对智能网联汽车的功能化验证可以通过驾驶场景仿真测试和智能微缩车仿真沙盘模拟测试两种方式进行。

（1）驾驶场景仿真测试　对于不具备实际测试环境时，驾驶场景仿真测试为智能网联汽车技术的学习提供了有效的手段。表1所示为2019年中国技能大赛新能源汽车关键技术技能大赛中智能化赛项的智能化功能化验证任务，图4所示为智能网联汽车虚拟仿真测试平台，主要用于模拟自动驾驶场景。用户在仿真平台中可以完成场景搭建、路径规划、自动驾驶循迹，结合自动驾驶算法的关键参数调节，可以实现典型先进自动驾驶功能的仿真测试。主要考察对智能网联汽车在多种场景中进行智能化装备装调、测试和功能验证的能力。

表1　2019年中国技能大赛新能源汽车关键技术技能大赛中
智能化赛项的智能化功能化验证任务

	各项操作内容
1	连接车辆平台与仿真平台
2	将实车传感器安装坐标转换为仿真环境坐标，录入智能网联参数表
3	录制并存储导航地图，读取车辆起点、终点和红绿灯坐标
4	在仿真环境中，调取传感器装调参数；设置算法参数；进行智能化功能仿真验证，包括自适应巡航、主动避障、车道保持、盲区检测
5	保存功能验证报告

（2）智能微缩车仿真沙盘模拟测试　实现智能网联汽车的运转，需要高精度地图、高精度定位、智慧路网、车联网设施、通信网络、监控平台、智能车辆等多方协作配合；在室内环境重建这些要素，可以实现通过智能微缩车进行无人驾驶功能的测试。图5所示为一种室内智能网联汽车仿真系统的整体方案及各组成要素，其中智能微缩车通过配置视觉传感器、激光测距传感器、光电传感器、惯性导航传感器、高性能计算决策中枢及线性横纵向控制系统，集中运用自动控制、人工智能、计算机视觉等技术，以实现自主驾驶，可以实现路径规划、车道线识别、局部规划、自动停障、主动制动、基于网络的红绿灯和交通标志识别、PID控制、定位补偿、定位感知等算法。

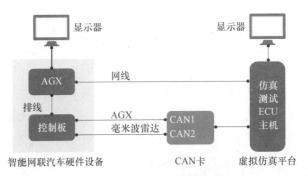

a) 仿真测试平台与实操平台的连通方式

b) 仿真测试平台操作界面

c) 功能验证仿真测试场景

图 4　智能网联汽车虚拟仿真测试平台

图 5　室内智能网联汽车仿真系统的整体方案及各组成要素

任务名称	智能网联汽车智能化、功能化验证	学时	2	班级	
学生姓名		学生学号		任务成绩	
实训设备	智能网联汽车虚拟仿真测试平台、智能微缩车仿真沙盘	实训场地		日期	
任务描述	1. 在仿真平台中可以完成场景搭建、路径规划、自动驾驶循迹，结合自动驾驶算法的关键参数调节，实现典型先进自动驾驶功能的仿真测试 2. 在智能微缩车仿真沙盘中，通过智能微缩车进行无人驾驶功能的测试				
任务目的	以行动为导向，引导学生制订计划，按照正确流程完成对智能网联汽车在多种场景中进行智能化装备装调、测试和功能验证的能力。在此过程中学习相关理论知识和实践操作技能				

一、资讯

1. 对于不具备实际测试环境时，_____为智能网联汽车技术的学习提供了有效的手段。

2. 中国技能大赛智能化赛项中功能化验证任务中主要包括：

1) _____

2) _____

3) _____

4) _____

5) _____

3. 在室内环境重建高精度地图、高精度定位、智慧路网、车联网设施、通信网络、监控平台、智能车辆等多要素，可以实现通过_____进行无人驾驶功能的测试。

4. 智能微缩车通过配置_____、_____、_____、惯性导航传感器、高性能计算决策中枢及线性横纵向控制系统，集中运用自动控制、人工智能、计算机视觉等技术，以实现_____，可以实现路径规划、_____、局部规划、_____、主动制动、基于网络的红绿灯和交通标志识别、PID控制、定位补偿、定位感知等算法。

(续)

二、计划与决策

请根据任务要求,确定所需要的仪器、工具,并对小组成员进行合理分工,制订详细实施计划。

1. 需要的检测仪器、工具及防护用具

2. 小组成员分工

3. 实施计划

三、实施

1. 虚拟仿真测试平台功能化验证:

2. 智能微缩车仿真沙盘模拟测试:

(续)

四、检查

完成虚拟仿真测试平台功能化验证、智能微缩车仿真沙盘模拟测试后，为了确保系统运行正常，进行如下检查：

1. 检查仿真测试平台与实操平台的连通方式是否正确：_____。
2. 检查功能验证仿真测试场景是否设置正确：_____。
3. 检查智能微缩车仿真沙盘各系统运行情况：_____。
4. 检查智能微缩车有无报警情况：_____。

五、评估

1. 请根据自己任务完成的情况，对自己的工作进行自我评估，并提出改进意见。

1) _____

_____

2) _____

_____

3) _____

_____

2. 工单成绩（总分为自我评价、组长评价和教师评价得分值的平均值）

自 我 评 价	组 长 评 价	教 师 评 价	总　　分

任务工单四　智能网联汽车网联综合道路测试

要实现智能网联汽车安全、可靠的道路运行，在经过前期大量的仿真和模拟测试后，还需要经过实际道路测试。在道路测试中，要完成测试前准备、整车的调试、道路设施调试、网联通信调试和最后的道路运行测试。测试道路会包含多种测试场景，如固定障碍物、移动障碍物、直道、弯道、隧道、桥梁、坡道、交叉路口、停车场、加油站和充电站等。测试区内一般包含云监控平台、智能交通信号灯、信号发射器、LTE-V/DSRC 车路通信、GPS 定位等设施和技术服务，可以完成自动泊车、行人预警、车道保持、紧急制动、红绿灯识别、隧道行驶等综合性能测试。如图 6 所示，在第三届世界智能驾驶挑战赛中，无人驾驶挑战赛的道路测试就由乡村越野赛、高速公路赛、城市街区赛和 IEC 极限赛四种综合道路场景组成，其中在乡村越野赛中就设置了包括避让动物、窄路避障、团雾道路等 16 个测试场景。

a) 城市街区　　　　　　　　　b) 避让动物

c) 窄路避障　　　　　　　　　d) 团雾道路

图 6　第三届世界驾驶挑战赛的道路测试场景

智能网联汽车要实现对各种测试场景的正确响应，需要对网联通信、导航定位和地图录制等提前做好调试工作，表 2 所示为 2019 年中国技能大赛新能源汽车关键技术技能大赛中智能化赛项的典型综合道路测试任务。在道路测试过程中，监控云平台对红绿灯的状态、车辆的在线状态、车速、电量、传感器运行状态和运行位置进行实时监控，并通过 4G 网络将车与路两者的信息进行实时通信，实现车辆对红绿灯是网联化识别，如图 7 所示。无人驾驶汽车通过自身配备的激光雷达、毫米波雷达等传感器实现对障碍物的智能化识别和响应。

表2 2019年中国技能大赛新能源汽车关键技术技能大赛中智能化赛项的典型综合道路测试任务

	各项操作内容
1	编译联网许可报文
2	在指定场地进行组合导航系统标定
3	录制并存储导航地图，读取车辆起点、终点和红绿灯坐标
4	登录智能网联汽车监控云平台；提交联网许可报文；设置测试条件参数，连通监控云平台与红绿灯数据通信
5	应用智能网联汽车监控云平台，对车辆进行远程启停控制；进行红绿灯识别、自动紧急制动和自动避障功能综合道路测试

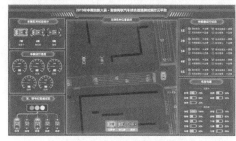 

a) 监控云平台　　　　　　　　b) 竞赛测试道路

图7　中国技能大赛智能化赛项的综合道路测试场景

任务名称	智能网联汽车网联综合道路测试		学时	2	班级	
学生姓名			学生学号		任务成绩	
实训设备	无人驾驶车、监控云平台		实训场地		日期	
任务描述	1. 对网联通信、导航定位和地图录制等提前做好调试工作，以保证智能网联汽车实现对各种测试场景的正确响应 2. 应用智能网联汽车监控云平台，对车辆进行远程启停控制；进行红绿灯识别、自动紧急制动和自动避障功能综合道路测试					
任务目的	以行动为导向，引导学生制订计划，按照正确流程完成智能网联汽车网联综合道路测试。在此过程中学习相关理论知识和实践操作技能					

一、资讯

1. 要实现智能网联汽车安全、可靠的道路运行，在经过前期大量的仿真和模拟测试后，还需要经过_____。

2. 在道路测试中，要完成_____、_____、道路设施调试、_____和最后的道路运行测试等工作。

3. 测试区内一般包含_____、智能交通信号灯、信号发射器、LTE-V/DSRC车路通信、_____等设施和技术服务，可以完成自动泊车、行人预警、车道保持、紧急制动、红绿灯识别、隧道行驶等综合性能测试。

4. 在道路测试过程中，_____对红绿灯的状态、车辆的在线状态、车速、电量、传感器运行状态和运行位置进行实时监控，并通过_____将车与路两者的信息进行实时通信，实现车辆对红绿灯是网联化识别。

5. 中国技能大赛智能化赛项中综合道路测试任务中主要包括：

1) _____
2) _____
3) _____
4) _____
5) _____

(续)

二、计划与决策

请根据任务要求，确定所需要的仪器、工具，并对小组成员进行合理分工，制订详细实施计划。

1. 需要的检测仪器、工具及防护用具

2. 小组成员分工

3. 实施计划

三、实施

开展综合道路测试的步骤：

(续)

四、检查

完成网联通信、导航定位、地图录制后，为了确保系统运行正常，需进行如下检查：

1. 检查智能网联汽车监控云平台能否正常登录：_____。
2. 检查智能网联汽车监控云平台与车辆通信是否正常：_____。
3. 检查智能网联汽车监控云平台与红绿灯通信是否正常：_____。
4. 检查智能车红绿灯识别、自动紧急制动和自动避障功能综合道路测试情况：_____。

五、评估

1. 请根据自己任务完成的情况，对自己的工作进行自我评估，并提出改进意见。

1）_____

_____

2）_____

_____

3）_____

_____

2. 工单成绩（总分为自我评价、组长评价和教师评价得分值的平均值）

自我评价	组长评价	教师评价	总　　分

学习小结

1. 通过环境感知实验台的认知，了解智能网联汽车环境感知系统软硬件的组成及作用。

2. 通过智能网联汽车实操平台的功能介绍，了解智能网联汽车感知设备的智能化装备装调、标定和排故等操作技能。

3. 产品化的高等级智能网联汽车测试方法主要包括封闭场测试、半开放/开放道路测试和虚拟仿真测试。

4. 要实现智能网联汽车安全、可靠的道路运行，还需要经过实际道路测试，了解实际道路测试的测试项目及其内容。

智能网联汽车技术基础

任务工单

机械工业出版社

目　录

任务工单一　环境感知系统整体认知……………………………………………… 1
任务工单二　智能网联汽车智能化装备装调………………………………………… 5
任务工单三　智能网联汽车智能化、功能化验证…………………………………… 9
任务工单四　智能网联汽车网联综合道路测试……………………………………… 14

任务工单一　环境感知系统整体认知

智能网联汽车环境感知系统由信息采集单元、信息处理单元及信息传输单元三大模块组成，用于感知智能网联汽车行驶环境的相关信息，为智能决策提供依据。根据智能网联汽车的应用场景不同，环境感知系统的具体组成和工作原理存在一定的差异性。面对不同的智能网联汽车平台，要明确其环境感知系统的组成，了解不同类型传感器的外形与结构，查找各传感器的安装位置，了解不同传感器在环境感知系统中发挥的作用。

图 1 所示为智能网联环境感知传感器实验台，该实验台由控制系统、显示屏、实验台架、环境感知传感器（激光雷达、毫米波雷达、超声波雷达、视觉传感器）、模拟道路、模拟行人和模拟车辆等组成。其中，环境感知传感器包括一个 16 线激光雷达、一个中距离毫米波雷达，一个单目视觉传感器，四个超声波雷达，安装位置如图 1 所示。激光雷达用于获取环境的点云图信息，并识别出车辆和行人。毫米波雷达用于获取障碍物的位置和角度信息。视觉传感器用于识别障碍物的类型，并识别车道线。超声波雷达用于识别近距离的障碍物距离。

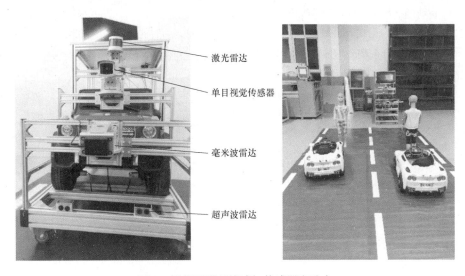

图 1　智能网联环境感知传感器实验台

任务名称	环境感知系统整体认知	学时	2	班级	
学生姓名		学生学号		任务成绩	
实训设备	智能网联环境感知传感器实验台	实训场地		日期	
任务描述	面对所提供的智能网联汽车平台，要明确其环境感知系统的组成，了解不同类型传感器的外形结构，查找各传感器的安装位置，了解不同传感器在环境感知系统中发挥的作用				
任务目的	以行动为导向，引导学生制订计划，按照正确流程完成环境感知系统的认知。在此过程中学习相关理论知识和实践操作技能				

一、资讯

1. 智能网联汽车环境感知系统由＿＿＿＿＿＿、＿＿＿＿＿＿及信息传输单元三大模块组成，用于感知智能网联汽车行驶环境的相关信息，为智能决策提供依据。

2. 智能网联汽车环境感知系统常用的传感器有＿＿＿＿＿＿、＿＿＿＿＿＿超声波雷达和＿＿＿＿＿＿等。

3. 智能网联汽车环境感知对象主要包括＿＿＿＿＿＿、＿＿＿＿＿＿、驾驶状态和＿＿＿＿＿＿。

二、计划与决策

请根据任务要求，确定所需要的仪器、工具，并对小组成员进行合理分工，制订详细实施计划。

1. 需要的检测仪器、工具及防护用具

2. 小组成员分工

3. 实施计划

三、实施

1. 本实验台的环境感知传感器包括_____，用于感知环境中的行人、车辆和标志标线等信息。

2. 本实验台所用的激光雷达为_____线，主要用于获取障碍物的距离和角度等信息。

3. 实验台上的摄像头安装在_____位置，可实现行人检测、车道线识别和车辆检测等。

4. 本实验台上有_____个超声波雷达，主要用于获取_____距离的障碍物信息。

5. 毫米波雷达安装在_____位置，具有良好的雨雾穿透能力，主要用于获取_____距离的障碍物信息。

6. 通过实验台的软硬件匹配，可实现的功能主要包括_____等。

四、检查

完成实验台的软硬件功能认知后，为了安全进行如下检查：

1. 检查各传感器安装处有无松动情况：_____。
2. 检查各传感器插头处有无松动情况：_____。
3. 检查系统总电源是否关闭：_____。

(续)

五、评估

1. 请根据自己任务完成的情况,对自己的工作进行自我评估,并提出改进意见。

   1) _____

   2) _____

   3) _____

2. 工单成绩(总分为自我评价、组长评价和教师评价得分值的平均值)

自我评价	组长评价	教师评价	总　　分

任务工单二　智能网联汽车智能化装备装调

智能网联汽车要通过感知设备实现对人、车、路、网等环境因素的精准识别,对所配备的感知设备的融合安装、调试方法和装调精准度就显得尤为重要。以2019中国技能大赛实操平台为例,介绍智能网联汽车感知设备的智能化装备装调、标定和排故等操作技能。

图2所示为智能网联汽车实操平台,由底盘和台架两大部分组成,底盘部分包含车辆底盘、与底盘配套使用的操控遥控器、总急停遥控器,以及车体急停按钮等部件;台架部分包括控制器、远程急停遥控器、警告灯、AGX(自动驾驶处理器)、交换机、4G路由器和多种传感器。在实现自动驾驶功能前,需要对激光雷达、毫米波雷达、摄像头、组合导航以及其他零部件进行位置的精确安装,并连接各零部件的线束实现信号通信。各个传感器要实现精准识别,还需要对初始状态进行标定,图3所示为实操平台上环视摄像头的标定操作,通过标定可以实现鱼眼摄像头图像的矫正及环视拼接。由于车具有智能化分析功能,一旦出现故障,系统就会进行报警,自动关闭自动驾驶功能,排除故障后方可解除。

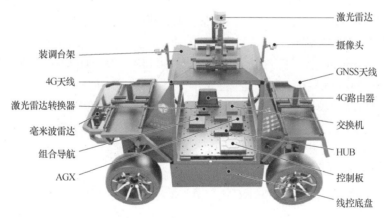

图2　智能网联汽车实操平台

a) 鱼眼摄像头的标定板识别

b) 矫正后的图像拼接效果

图3　实操平台上环视摄像头的标定操作

任务名称	智能网联汽车智能化装备装调	学时	2	班级	
学生姓名		学生学号		任务成绩	
实训设备	智能网联汽车实操平台（2019中国技能大赛实操平台）	实训场地		日期	
任务描述	以2019中国技能大赛实操平台为例，完成智能网联汽车感知设备的智能化装备装调、标定和排故等操作技能				
任务目的	以行动为导向，引导学生制订计划，按照正确流程完成智能网联汽车感知设备的智能化装备装调、标定和排故。在此过程中学习相关理论知识和实践操作技能				

一、资讯

1. 智能网联汽车实操平台由_____和_____两大部分组成。

2. 底盘部分包含_____、与底盘配套使用的_____、总急停遥控器，以及车体急停按钮等部件。

3. 台架部分包括_____、远程急停遥控器、警告灯、AGX（自动驾驶处理器）、交换机、4G路由器和_____。

4. 在实现自动驾驶功能前，需要对激光雷达、毫米波雷达、摄像头、组合导航以及其他零部件进行_____，并连接各零部件的_____实现信号通信。各个传感器要实现精准识别，还需要对初始状态进行_____。

二、计划与决策

请根据任务要求，确定所需要的仪器、工具，并对小组成员进行合理分工，制订详细实施计划。

1. 需要的检测仪器、工具及防护用具

（续）

2. 小组成员分工

3. 实施计划

三、实施
1. 传感器的安装：

2. 线束连接：

3. 传感器的标定：

(续)

四、检查

完成传感器的安装、线束连接、标定后,为了确保车辆正常运行进行如下检查:

1. 检查各传感器的安装位置及角度是否正确:＿＿＿＿＿＿＿＿＿＿＿＿＿＿＿＿＿＿＿＿。
2. 检查各传感器有无遮挡情况:＿＿＿＿＿＿＿＿＿＿＿＿＿＿＿＿＿＿＿＿＿＿＿＿＿＿。
3. 检查各传感器线束有无虚接情况:＿＿＿＿＿＿＿＿＿＿＿＿＿＿＿＿＿＿＿＿＿＿＿。
4. 检查系统有无报警情况:＿＿＿＿＿＿＿＿＿＿＿＿＿＿＿＿＿＿＿＿＿＿＿＿＿＿＿＿。

五、评估

1. 请根据自己任务完成的情况,对自己的工作进行自我评估,并提出改进意见。

1)＿＿＿
＿＿

2)＿＿＿
＿＿

3)＿＿＿
＿＿

2. 工单成绩(总分为自我评价、组长评价和教师评价得分值的平均值)

自 我 评 价	组 长 评 价	教 师 评 价	总　　分

任务工单三　智能网联汽车智能化、功能化验证

产品化的高级智能网联汽车，需要进行数百亿乃至千亿公里的车辆道路测试，测试方法主要包括封闭场测试、半开放/开放道路测试和虚拟仿真测试，前两种传统的测试方法存在周期长、测试成本高、场景覆盖有限、安全风险高等问题，虚拟仿真测试具有很好的可扩展性和可移植性，能够很好地解决此类痛点问题。对智能网联汽车的功能化验证可以通过驾驶场景仿真测试和智能微缩车仿真沙盘模拟测试两种方式进行。

（1）驾驶场景仿真测试　对于不具备实际测试环境时，驾驶场景仿真测试为智能网联汽车技术的学习提供了有效的手段。表1所示为2019年中国技能大赛新能源汽车关键技术技能大赛中智能化赛项的智能化功能化验证任务，图4所示为智能网联汽车虚拟仿真测试平台，主要用于模拟自动驾驶场景。用户在仿真平台中可以完成场景搭建、路径规划、自动驾驶循迹，结合自动驾驶算法的关键参数调节，可以实现典型先进自动驾驶功能的仿真测试。主要考察对智能网联汽车在多种场景中进行智能化装备装调、测试和功能验证的能力。

表1　2019年中国技能大赛新能源汽车关键技术技能大赛中
智能化赛项的智能化功能化验证任务

	各项操作内容
1	连接车辆平台与仿真平台
2	将实车传感器安装坐标转换为仿真环境坐标，录入智能网联参数表
3	录制并存储导航地图，读取车辆起点、终点和红绿灯坐标
4	在仿真环境中，调取传感器装调参数；设置算法参数；进行智能化功能仿真验证，包括自适应巡航、主动避障、车道保持、盲区检测
5	保存功能验证报告

（2）智能微缩车仿真沙盘模拟测试　实现智能网联汽车的运转，需要高精度地图、高精度定位、智慧路网、车联网设施、通信网络、监控平台、智能车辆等多方协作配合；在室内环境重建这些要素，可以实现通过智能微缩车进行无人驾驶功能的测试。图5所示为一种室内智能网联汽车仿真系统的整体方案及各组成要素，其中智能微缩车通过配置视觉传感器、激光测距传感器、光电传感器、惯性导航传感器、高性能计算决策中枢及线性横纵向控制系统，集中运用自动控制、人工智能、计算机视觉等技术，以实现自主驾驶，可以实现路径规划、车道线识别、局部规划、自动停障、主动制动、基于网络的红绿灯和交通标志识别、PID控制、定位补偿、定位感知等算法。

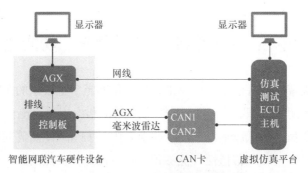

a) 仿真测试平台与实操平台的连通方式

b) 仿真测试平台操作界面

c) 功能验证仿真测试场景

图 4 智能网联汽车虚拟仿真测试平台

图 5 室内智能网联汽车仿真系统的整体方案及各组成要素

任务名称	智能网联汽车智能化、功能化验证	学时	2	班级	
学生姓名		学生学号		任务成绩	
实训设备	智能网联汽车虚拟仿真测试平台、智能微缩车仿真沙盘	实训场地		日期	
任务描述	1. 在仿真平台中可以完成场景搭建、路径规划、自动驾驶循迹，结合自动驾驶算法的关键参数调节，实现典型先进自动驾驶功能的仿真测试 2. 在智能微缩车仿真沙盘中，通过智能微缩车进行无人驾驶功能的测试				
任务目的	以行动为导向，引导学生制订计划，按照正确流程完成对智能网联汽车在多种场景中进行智能化装备装调、测试和功能验证的能力。在此过程中学习相关理论知识和实践操作技能				

一、资讯

1. 对于不具备实际测试环境时，_____为智能网联汽车技术的学习提供了有效的手段。

2. 中国技能大赛智能化赛项中功能化验证任务中主要包括：

1）_____

2）_____

3）_____

4）_____

5）_____

3. 在室内环境重建高精度地图、高精度定位、智慧路网、车联网设施、通信网络、监控平台、智能车辆等多要素，可以实现通过_____进行无人驾驶功能的测试。

4. 智能微缩车通过配置_____、_____、_____、惯性导航传感器、高性能计算决策中枢及线性横纵向控制系统，集中运用自动控制、人工智能、计算机视觉等技术，以实现_____，可以实现路径规划、_____、局部规划、_____、主动制动、基于网络的红绿灯和交通标志识别、PID 控制、定位补偿、定位感知等算法。

(续)

二、计划与决策

请根据任务要求，确定所需要的仪器、工具，并对小组成员进行合理分工，制订详细实施计划。

1. 需要的检测仪器、工具及防护用具

2. 小组成员分工

3. 实施计划

三、实施

1. 虚拟仿真测试平台功能化验证：

2. 智能微缩车仿真沙盘模拟测试：

(续)

四、检查

完成虚拟仿真测试平台功能化验证、智能微缩车仿真沙盘模拟测试后,为了确保系统运行正常,进行如下检查:

1. 检查仿真测试平台与实操平台的连通方式是否正确:_____。
2. 检查功能验证仿真测试场景是否设置正确:_____。
3. 检查智能微缩车仿真沙盘各系统运行情况:_____。
4. 检查智能微缩车有无报警情况:_____。

五、评估

1. 请根据自己任务完成的情况,对自己的工作进行自我评估,并提出改进意见。

1) _____

2) _____

3) _____

2. 工单成绩(总分为自我评价、组长评价和教师评价得分值的平均值)

自我评价	组长评价	教师评价	总　　分

任务工单四　智能网联汽车网联综合道路测试

要实现智能网联汽车安全、可靠的道路运行，在经过前期大量的仿真和模拟测试后，还需要经过实际道路测试。在道路测试中，要完成测试前准备、整车的调试、道路设施调试、网联通信调试和最后的道路运行测试。测试道路会包含多种测试场景，如固定障碍物、移动障碍物、直道、弯道、隧道、桥梁、坡道、交叉路口、停车场、加油站和充电站等。测试区内一般包含云监控平台、智能交通信号灯、信号发射器、LTE-V/DSRC车路通信、GPS定位等设施和技术服务，可以完成自动泊车、行人预警、车道保持、紧急制动、红绿灯识别、隧道行驶等综合性能测试。如图6所示，在第三届世界智能驾驶挑战赛中，无人驾驶挑战赛的道路测试就由乡村越野赛、高速公路赛、城市街区赛和IEC极限赛四种综合道路场景组成，其中在乡村越野赛中就设置了包括避让动物、窄路避障、团雾道路等16个测试场景。

a) 城市街区

b) 避让动物

c) 窄路避障

d) 团雾道路

图6　第三届世界驾驶挑战赛的道路测试场景

智能网联汽车要实现对各种测试场景的正确响应，需要对网联通信、导航定位和地图录制等提前做好调试工作，表2所示为2019年中国技能大赛新能源汽车关键技术技能大赛中智能化赛项的典型综合道路测试任务。在道路测试过程中，监控云平台对红绿灯的状态、车辆的在线状态、车速、电量、传感器运行状态和运行位置进行实时监控，并通过4G网络将车与路两者的信息进行实时通信，实现车辆对红绿灯是网联化识别，如图7所示。无人驾驶汽车通过自身配备的激光雷达、毫米波雷达等传感器实现对障碍物的智能化识别和响应。

表2　2019年中国技能大赛新能源汽车关键技术技能大赛中
智能化赛项的典型综合道路测试任务

	各项操作内容
1	编译联网许可报文
2	在指定场地进行组合导航系统标定
3	录制并存储导航地图，读取车辆起点、终点和红绿灯坐标
4	登录智能网联汽车监控云平台；提交联网许可报文；设置测试条件参数，连通监控云平台与红绿灯数据通信
5	应用智能网联汽车监控云平台，对车辆进行远程启停控制；进行红绿灯识别、自动紧急制动和自动避障功能综合道路测试

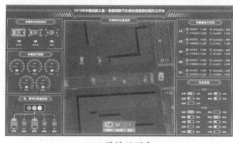 

a) 监控云平台　　　　　　　　　b) 竞赛测试道路

图7　中国技能大赛智能化赛项的综合道路测试场景

任务名称	智能网联汽车网联综合道路测试	学时	2	班级	
学生姓名		学生学号		任务成绩	
实训设备	无人驾驶车、监控云平台	实训场地		日期	
任务描述	1. 对网联通信、导航定位和地图录制等提前做好调试工作，以保证智能网联汽车实现对各种测试场景的正确响应 2. 应用智能网联汽车监控云平台，对车辆进行远程启停控制；进行红绿灯识别、自动紧急制动和自动避障功能综合道路测试				
任务目的	以行动为导向，引导学生制订计划，按照正确流程完成智能网联汽车网联综合道路测试。在此过程中学习相关理论知识和实践操作技能				

一、资讯

1. 要实现智能网联汽车安全、可靠的道路运行，在经过前期大量的仿真和模拟测试后，还需要经过_____。

2. 在道路测试中，要完成_____、_____、道路设施调试、_____和最后的道路运行测试等工作。

3. 测试区内一般包含_____、智能交通信号灯、信号发射器、LTE-V/DSRC 车路通信、_____等设施和技术服务，可以完成自动泊车、行人预警、车道保持、紧急制动、红绿灯识别、隧道行驶等综合性能测试。

4. 在道路测试过程中，_____对红绿灯的状态、车辆的在线状态、车速、电量、传感器运行状态和运行位置进行实时监控，并通过_____将车与路两者的信息进行实时通信，实现车辆对红绿灯是网联化识别。

5. 中国技能大赛智能化赛项中综合道路测试任务中主要包括：

1) _____
2) _____
3) _____
4) _____
5) _____

（续）

二、计划与决策

请根据任务要求，确定所需要的仪器、工具，并对小组成员进行合理分工，制订详细实施计划。

1. 需要的检测仪器、工具及防护用具

2. 小组成员分工

3. 实施计划

三、实施

开展综合道路测试的步骤：

(续)

四、检查

完成网联通信、导航定位、地图录制后，为了确保系统运行正常，需进行如下检查：

1. 检查智能网联汽车监控云平台能否正常登录：_____。
2. 检查智能网联汽车监控云平台与车辆通信是否正常：_____。
3. 检查智能网联汽车监控云平台与红绿灯通信是否正常：_____。
4. 检查智能车红绿灯识别、自动紧急制动和自动避障功能综合道路测试情况：
_____。

五、评估

1. 请根据自己任务完成的情况，对自己的工作进行自我评估，并提出改进意见。

1) _____
_____

2) _____
_____

3) _____
_____

2. 工单成绩（总分为自我评价、组长评价和教师评价得分值的平均值）

自我评价	组长评价	教师评价	总　　分

🚗 学习小结

1. 通过环境感知实验台的认知，了解智能网联汽车环境感知系统软硬件的组成及作用。

2. 通过智能网联汽车实操平台的功能介绍，了解智能网联汽车感知设备的智能化装备装调、标定和排故等操作技能。

3. 产品化的高等级智能网联汽车测试方法主要包括封闭场测试、半开放/开放道路测试和虚拟仿真测试。

4. 要实现智能网联汽车安全、可靠的道路运行，还需要经过实际道路测试，了解实际道路测试的测试项目及其内容。